国家社科基金项目"戴克里先研究"(项目批准号:BSS001)阶段性成果

希腊罗马历史研究手册

XILA LUOMA
LISHIYANJIU SHOUCE

〔美〕乔治·卡斯特尼尔 著
张晓校 编译

黑龙江人民出版社

图书在版编目(CIP)数据

希腊罗马历史研究手册/(美)乔治·卡斯特尼尔著;
张晓校编译. —哈尔滨:黑龙江人民出版社,2017.9
ISBN 978-7-207-11146-3

Ⅰ.①希… Ⅱ.①乔…②张… Ⅲ.①古希腊—历史—研究 ②古罗马—历史—研究 Ⅳ.①K125②K126

中国版本图书馆 CIP 数据核字(2017)第 232342 号

责任编辑：常　松　杨晓娟
封面设计：张　涛

希腊罗马历史研究手册

〔美〕乔治·卡斯特尼尔　著
张晓校　编译

出版发行	黑龙江人民出版社
地　　址	哈尔滨市南岗区宣庆小区 1 号楼
邮　　编	150008
网　　址	www.longpress.com
电子邮箱	hljrmcbs@ yeah. net
印　　刷	北京万博诚印刷有限公司
开　　本	787×1092　1/16
印　　张	13.75
字　　数	260 千字
版　　次	2017 年 9 月第 1 版　2021 年 1 月第 2 次印刷
书　　号	ISBN 978-7-207-11146-3
定　　价	42.00 元

版权所有　侵权必究　　　　　举报电话：(0451) 82308054
法律顾问：北京市大成律师事务所哈尔滨分所律师赵学利、赵景波

目　录

上篇：希腊史

A

Abdera（阿布德拉） ········· 4
Abydos（阿比多斯） ········· 4
Acanthus（阿坎图斯） ········· 4
Acarnania（阿卡纳尼亚） ········· 4
Achaean League（亚该亚联盟、亚该亚同盟） ········· 4
Achaeus（阿卡乌斯） ········· 4
Achaia（亚该亚） ········· 4
Achelous（阿可罗俄斯） ········· 4
Acropolis（卫城） ········· 4
Acte（阿科特） ········· 5
Aegina（爱琴娜岛） ········· 5
Aegospotami（阿哥斯波塔米） ········· 5
Aeschines（埃斯基尼斯） ········· 5
Aesschylus（525 – 456 B. C.）〔埃斯库罗斯（公元前 525 年至公元前 456 年）〕 ········· 5
Aetolia（埃托利亚） ········· 5
Aetolian League（埃托利亚同盟、伊托利亚联盟） ········· 5
Agesandridas（阿吉桑德里达斯） ········· 5
Agesilaus（阿格斯劳斯） ········· 6
Agesipolis（埃吉希波里斯） ········· 6
Agis Ⅱ.（埃基斯二世） ········· 6
Agis Ⅲ.（埃基斯三世） ········· 6
Agora（集会、阿格拉） ········· 7
Agrigentum（Acragas）〔阿格里琴托（阿克拉加斯）〕 ········· 7
Alcibiades（阿尔西比亚德斯） ········· 7
Alomaeodnidae（阿罗梅奥尼戴） ········· 7

Alexander Ⅰ.(亚历山大一世) ··· 7
Alexander Ⅲ.(亚历山大三世、亚历山大大帝) ····························· 8
Alexander of Pherae(费莱的亚历山大) ··································· 9
Alexandria(亚历山大里亚) ··· 9
Alpheus(阿尔弗斯河) ··· 9
Ambracia(阿布拉西亚) ··· 9
Amphea(安菲) ·· 9
Amphictyonic Council(宗盟会议) ··· 9
Amphipolis(安菲波利斯) ··· 9
Antalcidas, Peace of(《安塔尔西达斯和约》) ···························· 10
Antioch(安提柯、安提阿、安提俄克等) ·································· 10
Antiochus(安提奥库斯) ·· 10
Antipater(安提帕特) ··· 10
Apelia(阿皮利亚) ··· 10
Aratus(阿拉塔斯) ··· 10
Arbela(阿贝拉) ·· 10
Arcadia(阿卡迪亚) ·· 11
Archidamus(阿奇达姆斯、阿奇达慕斯) ·································· 11
Archon(执政官) ··· 11
Areopagus(战神山会议、战神山议事会、阿雷奥帕古斯) ············· 11
Arginusae(阿吉努塞) ··· 11
Argos(阿果斯、阿哥斯) ··· 12
Aristagoras(阿里斯塔格拉斯) ··· 12
Aristeides(Aristides)(亚里斯泰迪斯) ···································· 12
Aristeus(阿里斯图斯) ·· 13
Aristocrates(阿里司托克拉特斯) ·· 13
1. Aristodemus(阿里斯托德姆斯) ··· 13
2. Aristodemus(阿里斯托德姆斯) ··· 13
Aristogeiton(阿里斯托基吞) ··· 13
Aristomenes(阿里斯托门尼斯) ·· 13
Aristophanes(450-385 B.C.)(阿里斯托芬,公元前 450 年至公元前 385 年)
 ··· 13
Aristotle(亚里斯多德) ·· 13
Artabazus(阿塔巴泽斯) ·· 14

1. Artaphernes（阿尔塔费尼斯） …… 14
2. Artaphernes（阿尔塔费尼斯） …… 14
Artaxerxes Ⅰ.（阿尔塔薛西斯一世） …… 14
Artaxerxes Ⅱ.（阿尔塔薛西斯二世） …… 15
Artemisium（阿特密西乌姆） …… 15
Asopus（阿索普斯河） …… 15
Athens（雅典） …… 15
Athos，Mount（阿托斯山） …… 16
Attalus（阿塔鲁斯） …… 16
Attica（阿提卡） …… 16

B

Babylon（巴比伦） …… 18
Bactria（巴克特里亚） …… 18
Batis（巴提斯） …… 18
Bema（贝玛） …… 18
Bessus（贝苏斯） …… 18
Boeotia（比奥提亚） …… 18
Boule（立法会议） …… 18
Brasidas（布拉斯达斯） …… 18
Byzantium（拜占庭） …… 18

C

Cadmeia（Cadmea）（卡德米亚） …… 21
Callias（卡里亚斯） …… 21
Callicratidas（卡里克拉提达斯） …… 21
Cambyses（冈比西斯二世） …… 21
Ceadas（凯达斯山谷） …… 21
Cecrops（塞克罗普斯） …… 21
Chabrias（卡布里亚斯） …… 21
Chaeronea（凯隆耐、喀罗尼亚） …… 21
Chares（卡瑞斯） …… 22
Chios（凯俄斯） …… 22
Cimon（西蒙、客蒙、西门） …… 22
City – State（城邦） …… 23

Clearchus(克利尔库斯) ……………………………………… 23
Clelsthenes(Clisthenes)(克利斯梯尼) …………………… 23
Cleitus(Clitus)(克里图斯) ………………………………… 24
Cleombrotus(克莱翁布劳图斯) …………………………… 24
Cleomenes(克里奥门尼斯) ………………………………… 24
Cleon(克里昂) ……………………………………………… 24
Cleruchies(征服土地的分配制度) ………………………… 24
Cnidus(克尼都斯、克尼多斯) …………………………… 25
Conon(科农) ………………………………………………… 25
Corcyra(科尔库拉、科孚岛) ……………………………… 25
Corinth(科林斯) …………………………………………… 26
Corinthian War(科林斯战争) ……………………………… 26
Coronea(克罗尼亚) ………………………………………… 26
Crimisus(克里米苏斯河) …………………………………… 26
Critias(克里提亚斯) ………………………………………… 26
Croesus(克罗苏斯) ………………………………………… 27
Crypteia("库普提亚"制度、秘密服役、秘密巡行) …… 27
Cunaxa(库纳克萨) ………………………………………… 27
Cyaxares(基亚克塞莱斯) …………………………………… 27
Cylon(基伦) ………………………………………………… 27
Cypselus(塞普塞鲁斯) ……………………………………… 27
Cyprus(塞浦路斯) ………………………………………… 27
Cyrus the Great (549 – 529 B. C.)(居鲁士大帝,公元前549年至公元前529年在位) …………………………………………………… 28
Cyrus (the younger)(小居鲁士) …………………………… 28
Cyzicus(基齐库斯、塞西卡斯) …………………………… 28

D

Damocles(达摩克利斯) …………………………………… 30
Darius I.(大流士一世) ……………………………………… 30
Darius II.(大流士二世) …………………………………… 30
Darius III.(大流士三世) …………………………………… 30
Datis(达提斯) ……………………………………………… 31
Decarchies(十人委员会) …………………………………… 31

Decelean War(迪西利亚战争) …… 31

Delium(代立昂) …… 31

Delos, Confederacy of(提洛同盟) …… 31

Delphi (modern Castri)〔特尔斐(今天的卡斯特里)〕 …… 31

Demaratus(狄马拉图斯) …… 32

1. Demosthenes(德莫斯梯尼) …… 32

2. Demosthenes(385 – 322 B. C.)〔德莫斯梯尼(公元前385年至公元前322年)〕 …… 32

Dicasteries(迪卡斯特里法院、迪卡斯特里法庭、民众法庭) …… 32

Diodotus(迪奥多图斯) …… 33

Diogenes(414 – 323 B. C.)(第欧根尼、第奥根尼,公元前414年至公元前323年) …… 33

Dion(狄昂) …… 33

Dionysius Ⅰ.(431 – 367 B. C.)(狄奥尼修斯一世,公元前431年至公元前367年) …… 33

Dionysius Ⅱ.(狄奥尼修斯二世) …… 33

Doriscus(多里斯库斯) …… 33

Draco(德拉古) …… 33

Drepana(德莱帕纳) …… 34

E

Ecbatana(埃克巴坦纳) …… 36

Ecclesia(雅典公民大会) …… 36

Egesta(埃格斯塔) …… 36

Eion(伊昂) …… 36

Eleusinia(埃琉西尼亚节) …… 36

Enomotarch(小队长) …… 36

Epaminondas(伊帕米农达斯) …… 36

Ephesus(以弗所) …… 37

Ephialtes(埃菲阿尔提斯) …… 37

Ephors(斯巴达监察官) …… 37

Epidamnus(埃皮丹努斯) …… 37

Eponymus(首席执政) …… 37

Erectheum(艾瑞克提乌姆神庙) …… 37

Eretria(埃里特里亚) …… 37
Euboea(尤俾亚) …… 38
Eupatrids(杰出的父辈) …… 38
Euripides(欧里庇得斯) …… 38
Eurotas(尤罗塔斯河) …… 38
Eurybiades(尤里比亚德斯) …… 38
1. Eurymedon(尤里麦顿河) …… 38
2. Eurymedon(尤里麦顿) …… 38

F

Five Hundred(五百人会议) …… 40
Four Hundred(四百寡头) …… 40
Four Hundred and One(四百零一人议事会) …… 40

G

Gauls(高卢人) …… 42
Gaza(加沙) …… 42
Gelo(盖罗) …… 42
Gerontes(斯巴达长老) …… 42
Gerousia(斯巴达长老议事会) …… 42
Gordium(戈尔狄乌姆) …… 42
Granicus(格拉尼库斯河) …… 42
Gylippus(吉利普斯) …… 43

H

Haliartus(哈里亚尔图斯) …… 45
Harmodius(哈默狄乌斯) …… 45
Heliaea(雅典陪审法庭) …… 45
Hellespont(赫勒斯滂海峡) …… 45
Helots(希洛人、希洛特、黑劳士等) …… 45
Hermae(赫尔梅) …… 46
Hermocrates(赫摩柯拉提斯) …… 46
Herodotus(484–425 B.C.)(希罗多德,公元前484年至公元前425年) …… 46
Hesiod(赫西俄德) …… 46
Himera(希梅拉) …… 46

Hipparchus(希帕库斯) …… 46
Hippias(西庇亚斯) …… 46
Hippocrates(希波克拉底) …… 46
Histiaeus(西斯提亚埃乌斯) …… 46
Homer(荷马) …… 47

I

Iliad(《伊利亚特》) …… 49
Ionians(爱奥尼亚人) …… 49
Iphicrates(伊菲克拉特斯) …… 49
Isagoras(伊萨格拉斯) …… 49
Issus(伊苏斯) …… 49
Ithome, Mount(伊托美山) …… 49

J

Jason, of Pherae(费莱的贾森) …… 51

L

Lacedaemon(拉西第梦、拉凯第梦) …… 53
Laconia(拉科尼亚、拉哥尼亚) …… 53
Lade(拉德岛) …… 53
Lamachus(拉马库斯) …… 53
Lamian War(拉米亚战争) …… 53
Leonidas(李奥尼达、李奥尼达斯) …… 53
Leontiades(莱昂提亚德斯) …… 53
Leontini(莱奥提尼) …… 54
Leotychides(利奥提基德) …… 54
Leuctra(留克特拉) …… 54
Lilybaeum(利里贝乌姆) …… 54
Long Walls(长城、长墙) …… 54
Lycomedes(利科米德斯) …… 54
Lycurgus(莱库古) …… 54
Lydia(吕底亚) …… 55
Lysander(吕山德) …… 55
Lysimachus(利斯马库斯) …… 55

M

Macedonia(马其顿) ············ 57
Magnesia(马格尼西亚) ············ 57
Magna Graecia(大希腊) ············ 57
Mantinea(曼提尼亚) ············ 57
Marathon(马拉松) ············ 57
Mardonius(马尔多尼乌斯) ············ 57
Mausolus(摩索拉斯) ············ 57
Medes(米底人、米底王国) ············ 57
Megabazus(麦加巴祖斯) ············ 57
Megalopolis(麦加罗波里斯) ············ 58
Megara(麦加拉) ············ 58
Megaris(麦加利斯) ············ 58
Melos(米洛斯岛) ············ 58
Messene(美塞尼) ············ 58
Messenian Wars(美塞尼亚战争) ············ 58
Miletus(米利都) ············ 59
Miltiades(米泰雅德、米太雅得) ············ 59
Mindarus(闵达鲁斯) ············ 59
Mycale(米卡尔) ············ 59
Myronides(米伦尼德斯) ············ 59
Mytilene(米提林) ············ 59

N

Naxos(纳克索斯岛) ············ 61
Nearchus(尼亚库斯) ············ 61
Nicias(尼西亚斯) ············ 61
Notium(诺丁姆) ············ 61

O

Odyssey(《奥德赛》) ············ 63
Olympia(奥林匹亚) ············ 63
Olympias(奥林匹亚斯) ············ 63
Olympus(奥林帕斯山) ············ 63
Olynthian Confederacy(奥林图斯联盟) ············ 63

Onomarchus(奥诺马尔库斯) …… 63
Ortygia(奥尔提吉亚) …… 63
Ostracism(陶片放逐法) …… 63

P

Pagasae(帕加赛) …… 65
Pamphylia(潘菲利亚) …… 65
Panathenaea(泛雅典娜节) …… 65
Parmenio(帕梅尼奥) …… 65
Parnassus(帕纳苏斯) …… 65
Parnes(帕尔奈斯山) …… 65
Paros(帕洛斯岛) …… 65
Parthenon(巴台农神庙) …… 65
1. Pausanias(鲍桑尼亚斯) …… 65
2. Pausanias(鲍桑尼亚斯) …… 65
3. Pausanias(鲍桑尼亚斯) …… 66
Peiraeus(Piraeus)(庇里尤斯) …… 66
Peisander(Pisander)(裴山德、裴山大) …… 66
Peisistratus(Pisistratus)(庇西特拉图) …… 66
Pelasgians(皮拉斯吉人) …… 66
Pelopidas(佩罗匹达斯) …… 66
Peloponnesian War(伯罗奔尼撒战争) …… 67
Perdiccas(波尔蒂卡斯) …… 67
Periander(佩里安德) …… 67
1. Pericles(伯利克里) …… 67
2. Pericles(伯利克里) …… 67
Perioeci(庇里阿西人) …… 68
Perspolis(波斯波利斯) …… 68
Persian Empire(波斯帝国) …… 68
Phalerum(法莱卢姆) …… 68
Pharnabazus(法纳巴祖斯) …… 68
Pheidias(Phidias)(菲狄亚斯) …… 68
Pheidon(斐冬) …… 68

Philip Ⅱ. of Macedon（382-336 B.C.）（马其顿腓力二世，公元前382年至公元前336年） ………… 68
 Philippics（《斥腓力二世》） ………… 69
 Philomelus（菲洛迈鲁斯） ………… 69
 Philopoemen（斐洛比门） ………… 69
 Philotas（菲洛塔斯） ………… 69
 Phoecion（福西翁） ………… 69
 Phoebidas（弗庇达斯） ………… 69
 Plain（平原派） ………… 69
 Plataea（普拉提亚） ………… 69
 Plato（柏拉图） ………… 70
 Polemarch（军事执政官） ………… 70
 Porus（波路斯） ………… 70
 Potidaea（波提迪亚） ………… 70
 Propylaea（雅典卫城山门） ………… 70
 Ptolemy（托勒密） ………… 70
 Pydna（皮德纳） ………… 70
 Pylos（皮洛斯） ………… 71
 Pythagoras（毕达哥拉斯） ………… 71

R

 Rhetra（莱特拉、瑞特拉） ………… 73
 Rhodes（罗得斯岛） ………… 73
 Roxana（罗克珊娜） ………… 73

S

 Sacred War（神圣战争） ………… 75
 Salamis（萨拉米岛） ………… 75
 Samos（萨摩斯岛） ………… 75
 Sardis（萨迪斯） ………… 75
 Scythians（西徐亚人） ………… 75
 Sedition Law（平乱法） ………… 76
 Seleucidae（塞琉古王国） ………… 76
 Selinus（塞利努斯） ………… 76
 Shore（海岸派） ………… 76

Sicilian War (415–413 B.C.)〔西西里战争(公元前415年至公元前413年)〕 ························· 76

Sicily(西西里岛) ·· 76
Smerdis(斯莫迪斯) ·· 77
Social War("同盟者战争"、盟邦战争) ······················ 77
Socrates(苏格拉底) ·· 77
Solon(梭伦) ·· 77
1. Sophocles(索福克利斯) ·································· 77
2. Sophocles(索福克利斯) ·································· 77
Sphacteria(斯法克特利亚) ·································· 77
Sparta(斯巴达) ··· 77
Strymon(斯特里蒙) ·· 77
Susa(苏撒) ··· 78
Sybota(西波塔) ··· 78
Syracuse(叙拉古) ·· 78

T

Tanagra(塔纳格拉) ·· 80
Taygetus(泰格图斯山) ····································· 80
Tearless Battle(无泪的战役) ······························· 80
Tegea(泰吉阿) ·· 80
Ten Thousand(万人大撤退) ································ 80
Thales(泰勒斯) ·· 80
Thebes(底比斯) ··· 80
Themistocles(迪米斯托克里斯) ····························· 80
Thermopylae(德摩比勒隘口、温泉关) ······················ 81
Thirty Tyrants(三十僭主) ·································· 81
Thirty Years' Peace(三十年和约) ·························· 81
Thucydides(修昔底德斯) ··································· 81
Thucydides(修昔底德) ····································· 81
Timoleon(泰摩利昂) ······································· 82
Tissaphernes(提沙费尔尼斯) ································ 82
Tyrant(僭主) ··· 82
Tyre(提尔、推罗) ·· 82

U

Upland（山地派） ·· 84

X

Xanthippus（克桑提普斯） ·· 86
Xinophon（色诺芬） ·· 86
Xerxes（薛西斯） ·· 86

下篇：罗马史

A

Achaean League（亚该亚联盟） ································· 90
Achaia（亚该亚） ·· 90
Actium（亚克兴） ·· 90
Adrianople（哈德良堡、亚德里亚堡） ······················· 90
Aeduans（伊都安斯） ·· 90
Aegates（埃加特斯群岛） ·· 90
Aegidius（Count）〔埃吉狄乌斯（伯爵）〕 ················· 90
1. Aemilius Paulus, Lucius（埃米里乌斯·鲍鲁斯,卢西乌斯） ··· 90
2. Aemilius Paulus, Lucius（埃米里乌斯·鲍鲁斯,卢西乌斯） ··· 90
Aequians（埃奎人） ·· 91
Aetius（埃提乌斯） ··· 91
Aetolian League（埃托利亚联盟） ······························ 91
Africa（阿非利加） ··· 91
Ager Romanus（罗马公地） ······································ 91
Agrarian Laws（土地法） ·· 92
Agri Decumates（阿格里区、阿格里戴可美特） ········ 92
Agricola, Gnaeus Julius（阿格里克拉,盖尼乌斯·朱利乌斯） ··· 92
Agrigentum（阿格里琴托） ·· 92
Agrippa, Marcus Vipsanius（阿格里帕,马尔库斯·维普萨尼乌斯） ··· 92
1. Agrippina（阿格里品娜） ······································ 92
2. Agrippina（小阿格里品娜） ··································· 92
Ahriman（阿里曼） ·· 92
Alamannians（阿拉曼尼人） ······································ 92
Alans（阿兰人） ·· 93

Alaric(阿拉里克) ······ 93
Alba Longa (the Long White City)〔阿尔巴隆伽(白色的长条形城市)〕······ 93
Alesia(modern Alise)〔阿莱西亚(今天的阿里斯)〕 ······ 93
Alexandria(亚历山大里亚) ······ 93
Algidus, Mount(阿尔吉都斯山) ······ 93
Allia(阿里亚河) ······ 94
Alps(阿尔卑斯山) ······ 94
Ambarvalia(罗马人的绕田节) ······ 94
Ancus Marcius(安库斯·马尔西乌斯) ······ 94
Antiochus(安提奥库斯) ······ 94
Antoninus Pius(安东尼乌斯·皮乌斯) ······ 94
Antonius, Marcus (Mark Antony)〔安东尼乌斯,马尔库斯(马克·安东尼)〕 ······ 94
Apennines(亚平宁山脉) ······ 94
Appian Way(阿皮安大道) ······ 95
Apulia(阿普里亚) ······ 95
Aquae Sextiae (modern Aix)〔阿凯·塞克斯提亚(现代法国的埃克斯)〕 ······ 95
Aquileia(阿奎利亚) ······ 95
Aquitania(阿奎塔尼亚) ······ 95
Aransio (modern Orange)〔阿兰西奥(今天法国的奥朗日)〕 ······ 95
Arcadius(阿卡狄乌斯) ······ 95
Archimedes(阿基米德) ······ 95
Ariovistus(阿利奥维斯图斯) ······ 95
Arius (280 - 336 A. D.)〔阿里乌斯(公元280—336年)〕 ······ 95
Arnus (modern Arno)〔阿努斯河(现代意大利境内的亚诺河)〕 ······ 96
Arpinum(阿尔庇努姆) ······ 96
Arvernians(阿尔韦尼安人) ······ 96
Asculum(阿斯库鲁姆) ······ 96
Asiatic War(亚洲战争) ······ 96
Athanasius (296 - 373 A. D.)〔阿塔纳西乌斯(公元296—373年)〕 ······ 96
Athaulf (Atawulf)(阿陶尔夫) ······ 96
Attalus Ⅲ.(阿塔鲁斯三世) ······ 97
Attila(阿提拉) ······ 97

Aufidus（奥斐都斯河） ……………………………………… 97
Augurs（占卜官） …………………………………………… 97
Augustus（Gaius Julius Caesar Octavianus Augustus）〔奥古斯都（盖乌斯·朱利乌斯·恺撒·奥克塔维雅努斯·奥古斯都）〕 ……………… 97
Aurelian（奥莱里安） ……………………………………… 98
Aurelius, Marcus（奥莱利乌斯,马尔库斯） ……………… 98
Auspices（预兆、前兆） …………………………………… 98
Aventine（阿文丁山） ……………………………………… 98

B

Battle of the Peoples（452 A.D.）〔民族战争（公元452年）〕 ……… 100
Belgica（贝尔吉卡） ………………………………………… 100
Beneventum（比尼文图姆） ………………………………… 100
Bithynia（彼泰尼亚） ……………………………………… 100
Boniface（波尼法斯） ……………………………………… 100
Britain（不列颠） …………………………………………… 100
Britannicus（布列塔尼库斯） ……………………………… 100
Brutus, Decimus Junius（布鲁图斯,戴西姆斯·尤尼乌斯） …… 100
Brutus, Lucius Junius（布鲁图斯,卢西乌斯·尤尼乌斯） …… 100
Brutus, Marcus Junius（布鲁图斯,马尔库斯·尤尼乌斯） …… 100
Burgundians（勃艮第人） ………………………………… 101
Burrhus（布鲁斯） ………………………………………… 101
Busento（布森托河） ……………………………………… 101
Byzantium（拜占庭） ……………………………………… 101

C

Caere（凯瑞） ……………………………………………… 103
Caesar, Gaius Julius（恺撒,盖乌斯·朱利乌斯） ………… 103
Caligula（Gaius）〔卡利古拉（盖乌斯）〕 ………………… 104
Calpurnius Piso（卡普尔尼乌斯·皮索） ………………… 104
Camillus, Marcus Furius（卡米鲁斯,马尔库斯·弗利乌斯） …… 104
Campania（坎帕尼亚） …………………………………… 104
Campus Martius（马尔斯校场） …………………………… 104
Cannae（坎尼） …………………………………………… 104
Canuleian Law（坎努里安法、坎努里阿法） …………… 104

Capitol(卡皮托尔) ……………………………………………… 105

Capitoline(卡皮托林山) ………………………………………… 105

Capreae (modern Capri)〔卡普里亚(现代卡普里)〕……… 105

Capua(卡普亚) ………………………………………………… 105

Caracalla (Antoninus)〔卡拉卡拉(安东尼乌斯)〕…………… 105

Carrhae(卡莱) …………………………………………………… 105

Carthage(迦太基) ……………………………………………… 105

Cassius, Spurius(卡西乌斯,斯普里乌斯) …………………… 105

Cassius, Quintus(卡西乌斯,昆图斯) ………………………… 106

Cassius Longinus, Gaius(卡西乌斯·隆吉乌斯,盖乌斯) …… 106

Catiline (Lucius Sergius Catilina)〔喀提林(卢西乌斯·塞尔吉乌斯·喀提林纳)〕…………………………………………………………… 106

1. Cato, Marcus Porcius (Cato the Censor, 232 – 147 B.C.)〔加图,马尔库斯·波尔西乌斯(监察官加图,公元前232年至公元前147年)〕……… 106

2. Cato, Marcus Porcius(加图,马尔库斯·波尔西乌斯) …… 106

Catullus, Quintus Valerius(卡图鲁斯,昆图斯·瓦莱利乌斯) …… 106

1. Catulus, Gaius Lutatius(卡图鲁斯,盖乌斯·路塔提乌斯) …… 106

2. Catulus, Gaius Lutatius(卡图鲁斯,盖乌斯·路塔提乌斯) …… 106

Caudine Forks(考狄昂峡谷) ………………………………… 107

Censorship(监察官) …………………………………………… 107

Centuries(百人队) ……………………………………………… 107

Cicero, Marcus Tullius(西塞罗,马尔库斯·图里乌斯) …… 107

Cimbri(辛布利人) ……………………………………………… 108

Ciminian Forest(奇米尼安森林) ……………………………… 108

Cincinnatus, Lucius Quinctius(辛辛纳图斯,卢西乌斯·昆克提乌斯) …… 108

Cineas(西尼亚斯、齐纳斯) …………………………………… 108

Cinna, Lucius Cornelius(秦纳,卢西乌斯·科尔内利乌斯) …… 108

Cisalpine Gaul(山南高卢、山内高卢) ……………………… 108

1. Civil War(内战) ……………………………………………… 108

2. Civil War(内战) ……………………………………………… 109

Claudius(克劳狄乌斯) ………………………………………… 109

1. Claudius, Appius(克劳狄乌斯,阿皮乌斯) ………………… 109

2. Claudius, Appius (Caecus)〔克劳狄乌斯,阿皮乌斯(恺库斯)〕……… 109

Claudius Gothicus(克劳狄乌斯·哥特乌斯) ………………… 109

Claudius, Publius(克劳狄乌斯,普布里乌斯) ……… 110
Claudius Nero, Gaius(克劳狄乌斯·尼禄,盖乌斯) …… 110
Cleopatra(克利奥帕特拉) ………………………………… 110
Clients(门客、被庇护人) ………………………………… 110
Cloaca Maxima(马克西玛下水道) …………………… 110
Clovis(克洛维) …………………………………………… 110
Clusium(柯鲁西乌姆) …………………………………… 110
Coelian Hill(柯埃利安山) ………………………………… 111
Colline Gate(克林内门) ………………………………… 111
Colosseum(克洛塞乌姆、大斗兽场) …………………… 111
Comitia Centuriata(森都里亚大会、百人队会议) …… 111
Comitia Curiata(库里亚大会) ………………………… 111
Comitia Tributa(特里布斯会议) ……………………… 111
Comitium(户外会场) …………………………………… 111
Commercium(私产权) ………………………………… 111
Commodus(康莫都斯) ………………………………… 111
Constans(康斯坦斯) …………………………………… 112
Constantine the Great(君士坦丁大帝) ………………… 112
Constantine(君士坦丁) ………………………………… 112
Constantine the Usurper("篡位者"君士坦丁) ………… 112
Constantius Chlorus(君士坦提乌斯·克劳鲁斯) ……… 112
1. Constantius(君士坦提乌斯) ………………………… 112
2. Constantius(康斯坦提乌斯) ………………………… 113
Consul(执政官) ………………………………………… 113
Conubium(通婚权) …………………………………… 113
Corinth(科林斯) ………………………………………… 113
Cornelius(科尔内利乌斯) ……………………………… 113
Crassus, Marcus Licinius(克拉苏,马尔库斯·李锡尼乌斯) … 113
Crispus(克里斯普斯) …………………………………… 113
Curia(自治地元老院) …………………………………… 113
Curius Dentatus, Manius(库利乌斯·邓塔图斯,马尼乌斯) … 114
Cynoscephalae(辛诺塞法利亚) ………………………… 114

D

Dacia(达契亚) …… 116
Danube(多瑙河) …… 116
Decemvirate(十人委员会、十人团) …… 116
Decius(戴西乌斯) …… 116
Decius Mus, Publius(德西乌斯·穆斯,普布里乌斯) …… 116
Delators(告密者) …… 116
Dictator(独裁官) …… 116
Didius Julianus(狄迪乌斯·朱力亚努斯) …… 116
Diocletian(戴克里先) …… 117
Domitian(多米提安) …… 117
Drepana(德莱帕纳) …… 117
1. Drusus(德鲁苏斯) …… 117
2. Drusus(德鲁苏斯) …… 117
Drusus, Marcus Livius(德鲁苏斯,马尔库斯·李维乌斯) …… 117
Duilius, Gaius(杜伊里乌斯,盖乌斯) …… 117
Dyrrachium(狄拉齐乌姆) …… 118

E

East Goths(东哥特人) …… 120
Egypt(埃及) …… 120
Elagabalus(埃拉伽巴鲁斯) …… 120
Ennius, Quintus(恩尼乌斯,昆图斯) …… 120
Ercte(厄科特山) …… 120
Esquiline(艾斯奎林) …… 120
Etruria(modern Tuscany)〔伊达拉里亚(现代托斯卡纳)〕 …… 120
Eudoxia(尤多西娅) …… 121
Eumenes(尤米尼斯) …… 121
Euphrates(幼发拉底河) …… 121
Euric(尤里克) …… 121

F

Fabian Gens(费边氏族、法比乌斯氏族) …… 123
1. Fabius Maximus, Quintus(法比乌斯·马克西姆斯,昆图斯) …… 123
2. Fabius Maximus, Quintus(法比乌斯·马克西姆斯,昆图斯) …… 123

Fabricius, Gaius(法布里西乌斯,盖乌斯) …………………………… 123

Fasces(法西斯) ………………………………………………… 123

Fausta(福斯塔) ………………………………………………… 123

Fetiales(随军祭司团) …………………………………………… 123

Fidenae(费德内) ………………………………………………… 123

Flamininus, Titus Quinctius(弗拉米尼努斯,提图斯·昆克提乌斯) …… 123

Flaminius, Gaius(弗拉米尼努斯,盖乌斯) ……………………… 123

Foederati(联盟者、盟友) ……………………………………… 123

Forum(广场) …………………………………………………… 123

Franks(法兰克人) ……………………………………………… 124

G

Gabii(伽比) …………………………………………………… 126

Gaiseric or Genseric(428—477. A. D.)〔盖塞利克(公元 428—477 年)〕
………………………………………………………………… 126

Gaius(盖乌斯) ………………………………………………… 126

Galba(伽尔巴) ………………………………………………… 126

Galerius(加莱利乌斯) ………………………………………… 126

Gallienus(加列努斯) …………………………………………… 126

Gauls(高卢人) ………………………………………………… 126

Gens(宗族) …………………………………………………… 126

Germanicus(日耳曼尼库斯) …………………………………… 127

Germans(日耳曼人) …………………………………………… 127

Geta(盖塔) …………………………………………………… 127

Goths(哥特人) ………………………………………………… 127

1. Gracchus, Tiberius Sempronius(格拉古,提比略·塞姆普洛尼乌斯)
………………………………………………………………… 128

2. Gracchus, Tiberius Sempronius(格拉古,提比略·塞姆普洛尼乌斯)
………………………………………………………………… 128

Gracchus, Gaius(格拉古,盖约) ……………………………… 128

Gratian(格拉提安) …………………………………………… 128

Great Mother(大母神、大圣母神) …………………………… 129

H

Hadrian(哈德良) ……………………………………………… 131

Hamilcar Barca(哈米尔卡·巴尔卡) ………………………………… 131
Hannibal(汉尼拔) ………………………………………………… 131
Hasdrubal(哈斯德鲁巴) …………………………………………… 132
Helvetians(赫尔维西亚人) ………………………………………… 132
Heraclea(赫拉克利亚) …………………………………………… 132
Herculaneum(赫库兰尼姆) ………………………………………… 132
Herdonius, Appius(赫尔多尼乌斯,阿皮乌斯) …………………… 132
Hiero(希罗) ………………………………………………………… 132
Honores(任职资格) ……………………………………………… 132
Honorius(霍诺利乌斯) …………………………………………… 132
Horace (Quintus Horatius Flaccus)〔贺拉斯(昆图斯·贺拉提乌斯·弗拉库斯)〕……………………………………………………………… 133
Hortensian Laws(霍腾西乌斯法案) …………………………… 133
Huns(匈奴人) ……………………………………………………… 133

I

Iberians(伊比利亚人) …………………………………………… 135
Illyricum (modern Illyria)〔伊利里库姆(当代伊利里亚)〕……… 135
Italian Question(意大利问题) …………………………………… 135

J

Janiculum(贾尼库鲁姆山) ……………………………………… 137
Jerusalem(耶路撒冷) …………………………………………… 137
Jovian(约维安) …………………………………………………… 137
Jugurtha(朱古达) ………………………………………………… 137
Julian(朱利安) …………………………………………………… 137
Julian Law(《朱利安法》) ……………………………………… 137
Junonia(尤诺尼亚) ……………………………………………… 138
Jus auxilia(帮助权) ……………………………………………… 138
Jus exili(避难权) ………………………………………………… 138
Jus imaginum(蜡制面像法) ……………………………………… 138
Juvenal(尤文纳尔) ……………………………………………… 138

L

Latin Colonies(拉丁殖民地) …………………………………… 140
Latin Confederacy(拉丁同盟) …………………………………… 140

Latin War(拉丁战争) ······ 140

Latins(拉丁人) ······ 140

Latium(拉丁姆) ······ 140

Lepidus, Marcus Aemilius(雷必达,马尔库斯·埃米里乌斯) ······ 140

Licinian Laws(李锡尼乌斯法案) ······ 140

Licinius(李锡尼乌斯) ······ 141

Lictor(侍从、侍从官) ······ 141

Lilybaeum(利里贝乌姆) ······ 141

Livy (Titus Livius)〔李维(提图斯·李维乌斯)〕 ······ 141

Lucania(路卡尼亚) ······ 141

Luceres(鲁塞莱斯) ······ 141

Lucretius Carus, Titus(卢克莱提乌斯·卡卢斯,提图斯) ······ 141

Lucullus, Lucius Licinius(鲁库鲁斯,卢西乌斯·李锡尼乌斯) ······ 141

M

Macedonian Wars(马其顿战争) ······ 143

Macrinus(马克里努斯) ······ 143

Maecenas, Gaius Cilnius(麦塞纳斯,盖乌斯·希尔尼乌斯) ······ 143

Magna Graecia(大希腊) ······ 143

Magnesia(马格尼西亚) ······ 144

Majorian(马约里安) ······ 144

Mamertines(马麦丁人) ······ 144

1. Manlius, Marcus(曼利乌斯,马尔库斯) ······ 144

2. Manlius, Marcus(曼利乌斯,马尔库斯) ······ 144

Marcellus, Claudius(马尔塞鲁斯,克劳狄乌斯) ······ 144

Marcomani(马克曼尼人) ······ 144

1. Marius, Gaius(马略,盖乌斯) ······ 144

2. Marius, Gaius(马略,盖乌斯) ······ 145

Martial (Marcus Valerius Martialis)〔马夏尔(马尔库斯·瓦莱利乌斯·马尔提亚利斯)〕 ······ 145

Masinissa(马西尼撒) ······ 145

Massilia (modern Marseilles)〔马西利亚(今天的马赛)〕 ······ 145

Maxentius(马克森提乌斯) ······ 145

Maximian(马克西米安) ······ 146

1. Maximin(马克西敏) …… 146
2. Maximin(马克西敏) …… 146
Maximus(马克西姆斯) …… 146
Mazdeism(马资达教、袄教) …… 146
Mediolanum (modern Milan)[米迪奥拉努姆(今天的米兰)] …… 146
Messalina(美萨丽娜) …… 147
Messana(麦萨那) …… 147
Metaurus(麦陶鲁斯河) …… 147
1. Metellus, Quintus Caecilius (Numidicus)[麦特鲁斯,昆图斯·凯希利乌斯(努米底库斯)] …… 147
2. Metellus, Quintus Caecilius(Pius)[麦特鲁斯,昆图斯·凯希利乌斯(皮乌斯)] …… 147
3. Metellus, Quintus Caecilius (Scipio)[麦特鲁斯,昆图斯·凯希利乌斯(斯奇皮奥)] …… 147
Minturnae(闽图尔内) …… 147
Mithradates Ⅵ.(米特拉达梯六世) …… 147
Mucianus(穆西亚努斯) …… 147
Mulvian Bridge(马尔维安桥) …… 147
Mummius, Lucius(穆米乌斯,卢西乌斯) …… 148
Munda(蒙达) …… 148
Mutina (modern Modena)[穆提纳(现代意大利摩德纳)] …… 148
Mylae(米莱) …… 148

N

Nero Claudius, Tiberius(尼禄·克劳狄乌斯,提比略) …… 150
Nerva(尼尔瓦、涅尔瓦) …… 150
Nicaea(尼西亚) …… 150
Nicomedia(尼克米迪亚) …… 150
Numa Pompilius(努马·庞皮利乌斯) …… 151
Numidia(努米底亚) …… 151

O

1. Octavia(奥克塔维娅) …… 153
2. Octavia(奥克塔维娅) …… 153
Odenatus(欧迪纳图斯) …… 153

Odovacar（Odoacer）(奥多雅克) …… 153
Optimates(贵族派) …… 153
Ormuzd(欧马资德) …… 153
Orodes(奥罗得斯) …… 153
Ostia(奥斯提亚) …… 153
Ostrogoths(东哥特人) …… 153
Otho(奥托) …… 153
Ovid（Publius Ovidius Naso）〔奥维德(普布里乌斯·奥维狄乌斯·纳索)〕 …… 153

P

Padus（modern Po）〔帕杜斯河(今天的波河)〕 …… 155
Palatine(帕拉丁) …… 155
Palmyra(帕尔米拉) …… 155
Paris（Lutetia Parisiorum）〔帕里斯(鲁特提亚·帕里斯奥卢姆)〕 …… 155
Parthia(帕提亚) …… 155
Pater Familias(家父) …… 155
Patricians(贵族) …… 155
Pergamus(帕加马) …… 155
Perseus(珀尔修斯) …… 155
Persius（Aulus Persius Flaccus）〔珀西乌斯(奥鲁斯·珀西乌斯·弗拉库斯)〕 …… 155
Pertinax(皮尔提纳克斯) …… 156
Pharnaces(法纳西斯) …… 156
Pharsalus(法萨鲁) …… 156
Philip Ⅴ.(腓力五世) …… 156
Philippi(腓力比) …… 156
Picenum(皮塞努姆) …… 156
Placentia(普拉森提亚) …… 156
Placidia(普拉斯蒂娅) …… 156
Plautus, Titus Maccius（254 – 184 B.C.）〔普劳图斯,提图斯·马尔库斯(公元前254年至公元前184年)〕 …… 156
Plebeians(平民) …… 157
Pliny the Elder（Gains Plinius Secundus Maior）〔老普林尼(盖乌斯·普林尼乌

斯·塞昆都斯）〕 …… 157

Pliny the Younger（Gains Plinius Caecilius Seciindus Minor）〔小普林尼（盖乌斯·普林尼乌斯·凯希利乌斯·塞昆都斯）〕 …… 157

    Pollentia（波伦提亚） …… 157

    Pompeii（庞贝城） …… 157

    Pompeius Magnus, Gnaeus（Pompey the Great）〔庞培·马格努斯,格内乌斯（伟大的庞培）〕 …… 157

    Pompeius, Sextus（庞培乌斯,塞克斯图斯） …… 158

    Pons Sublicius（苏布里西乌斯桥） …… 158

    Pontifex Maximus（大祭司长、最高祭司） …… 158

    Pontius, Gaius（庞提乌斯,盖乌斯） …… 158

    Pontus（本都） …… 158

    Populares（平民派） …… 158

    Porsena, Lars（波森纳,拉尔斯） …… 158

    Postumius, Aulus（波斯图米乌斯,奥鲁斯） …… 158

    Prefects（行政长官） …… 159

    Praetor（大法官） …… 159

    Propertius, Sextus Aurelius（普罗珀尔提乌斯,塞克斯图斯·奥莱利乌斯） …… 159

    Proscription（公敌宣判） …… 159

    Prusias（普卢西亚斯） …… 159

    Pto1emies（托勒密王朝） …… 159

    Publilian Laws（普布里乌斯法案） …… 159

    Punic Wars（布匿战争） …… 159

    Pydna（皮德纳） …… 160

    Pyrrhus（皮洛士） …… 161

Q

    Quaestor（财务官） …… 163

    Quintilianus, Marcus Fabius（40 – about 95 A. D.）〔昆提利亚努斯、昆提良,马尔库斯·法比乌斯(公元40年至大约95年)〕 …… 163

    Quirinal（奎里纳尔） …… 163

R

    Raetia（拉埃提亚） …… 165

Ramnes（拉姆尼斯） ………………………………………………… 165
Ravenna（拉文纳） ………………………………………………… 165
Regillus, Lake（莱吉鲁斯湖） …………………………………… 165
Regulus, Marcus Atilius（莱古鲁斯,马尔库斯·阿提利乌斯） … 165
Repetundae, Court of（审理贿赂案件法庭） …………………… 165
Rhadagaisus（Rhadagais）（拉达盖苏斯） ……………………… 165
Rhine（莱茵河） …………………………………………………… 165
Rhodes（罗得斯岛） ……………………………………………… 165
Ricimer（李西默） ………………………………………………… 165
Rome（罗马） ……………………………………………………… 166
Romulus（罗慕路斯） ……………………………………………… 166
Romulus Augustulus（罗慕路斯·奥古斯图鲁斯） ……………… 166
Rostra（演讲台） ………………………………………………… 166
Rubicon（卢比孔河） ……………………………………………… 166
Rufinus（卢斐努斯） ……………………………………………… 166

S

Sabines（萨宾人） ………………………………………………… 168
Saguntum（萨贡图姆） …………………………………………… 168
Sallust（Gaius Sallustius Crispus）〔萨鲁斯特（盖乌斯·萨鲁斯提乌斯·克里斯普斯）〕 ……………………………………………… 168
Samnites（萨谟奈人） ……………………………………………… 168
Sapor Ⅰ.（萨普尔一世） …………………………………………… 168
Sapor Ⅱ.（萨普尔二世） …………………………………………… 168
Sassanidae（萨珊波斯） …………………………………………… 168
Scaevola, Quintus Mucius（斯凯沃拉,昆图斯·穆西乌斯） …… 169
Scipio Barbatus, Lucius Cornelius（斯奇皮奥·巴巴图斯,卢西乌斯·科尔内利乌斯） ………………………………………………… 169
Scipio, Publius Cornelius（斯奇皮奥,普布里乌斯·科尔内利乌斯） … 169
Scipio Africanus Major, Publius Cornelius（大斯奇皮奥·阿非利加努斯,普布里乌斯·科尔内利乌斯） ……………………………… 169
Scipio Asiaticus, Lucius Cornelius（斯奇皮奥·亚细亚梯库斯,卢西乌斯·科尔内利乌斯） ………………………………………… 169

Scipio Aemilianus Africanus, Publius Cornelius(斯奇皮奥·埃米里乌斯·阿非利加努斯,普布里乌斯·科尔内利乌斯) ········· 169
Secession of the Plebs(平民撤离行动) ········· 169
Sejanus, Lucius Aelius(塞亚努斯,卢西乌斯·埃里乌斯) ········· 170
Sempronius Longus, Tiberius(塞姆普洛尼乌斯·隆古斯,提比略) ········· 170
Seneca, Lucius Annaeus(塞内加,卢西乌斯·安奈乌斯) ········· 170
Sentinum(森提努姆) ········· 170
Sertorius, Quintus(塞尔托利乌斯,昆图斯) ········· 170
Servius Tullius(塞尔维乌斯·图里乌斯) ········· 170
Severus, Alexander(塞维鲁斯,亚历山大) ········· 170
Severus, Lucius Septimius(塞维鲁斯,卢西乌斯·塞普提米乌斯) ········· 171
Sibylline Books(《西比林预言书》) ········· 171
Sicily(西西里) ········· 171
Social War(同盟战争、联盟者战争、意大利战争) ········· 171
Spain(西班牙) ········· 171
Spartacus(斯巴达克斯) ········· 171
Stilicho(斯迪里克) ········· 171
Strassburg(斯特拉斯堡) ········· 172
Sulla, Lucius Cornelius(苏拉,卢西乌斯·科尔内利乌斯) ········· 172
Sulpicius Rufus, Publius(苏尔皮西乌斯·鲁福斯,普布里乌斯) ········· 172
Syagrius(斯亚哥利乌斯) ········· 172
Syracuse(叙拉古) ········· 172
Syria(叙利亚) ········· 173

T

Tacitus, Gaius Cornelius(塔西佗,盖乌斯·科尔内利乌斯) ········· 175
Tarentum (modern Taranto)〔塔林敦(现代塔兰托)〕········· 175
Tarquinius Priscus, Lucius(塔克文·普利斯库斯,卢西乌斯) ········· 175
Tarquinius Superbus, Lucius(塔克文·苏珀布斯,卢西乌斯、"高傲者"塔克文) ········· 175
Terence (Publius Terentius Afer)〔特伦斯(普布里乌斯·特伦提乌斯·阿福尔)〕········· 175
Terentilian Laws or Rogations(特伦提利安法案或保民官法案) ········· 175
Tetricus(提特里库斯) ········· 175

Teutoburg Forest(条顿堡森林) ……………………………… 175

Teutons(条顿人) …………………………………………… 176

Thapsus(塔普苏斯) ………………………………………… 176

Theodoric(提奥多里克) …………………………………… 176

Theodosius(迪奥多西乌斯) ……………………………… 176

Thermopylae(德莫比利) ………………………………… 176

Thessalonica(帖撒罗尼卡) ……………………………… 176

Thirty Tyrants(三十僭主) ………………………………… 176

Tiber(台伯河) ……………………………………………… 177

Tiberius Claudius Nero(提比略·克劳狄乌斯·尼禄) … 177

Tibullus, Albius(提布鲁斯,阿尔比乌斯) ……………… 177

Ticinus(提西努斯河) ……………………………………… 177

Tigellinus(提格里努斯) …………………………………… 177

Tities(梯提斯) ……………………………………………… 177

Titus Flavius Sabinus Vespasianus(提图斯·弗拉维乌斯·萨比努斯·韦斯帕希雅努斯) ……………………………………………………… 177

Trajan (Marcus Ulpius Trajanus)〔图拉真(马尔库斯·乌尔皮乌斯·特拉伽努斯)〕 ……………………………………………………… 177

Transalpine Gaul(山外高卢、山北高卢) ……………… 178

Trasimenus(特拉西米诺湖) ……………………………… 178

Trebia(特来比亚河) ……………………………………… 178

Tribune(保民官) …………………………………………… 178

Triumvirate(三头同盟) …………………………………… 178

Tullus Hostilius(图鲁斯·霍斯提利乌斯) ……………… 179

Twelve Tables(《十二铜表法》) ………………………… 179

U

Ulpian(乌尔比安) ………………………………………… 181

Umbrians(翁布里亚人) …………………………………… 181

Umbro - Sabellians(翁布罗 - 萨比利亚人) …………… 181

Utica(尤提卡) ……………………………………………… 181

V

Valens(瓦伦斯) …………………………………………… 183

Valentinian Ⅰ.(瓦伦提尼安一世) ……………………… 183

Valentinian Ⅱ.(瓦伦提尼安二世) ……………………………… 183
Valentinian Ⅲ.(瓦伦提尼安三世) ……………………………… 183
Valerian(瓦莱利安) ……………………………………………… 183
Vandals(汪达尔人) ……………………………………………… 183
Varro, Gaius Terentius(瓦罗,盖乌斯·特伦提乌斯) …………… 183
Varus, Lucius Quintilius(瓦鲁斯,卢西乌斯·昆提利乌斯) …… 183
Veii(维艾城) ……………………………………………………… 184
Vercellae(维切里) ……………………………………………… 184
Vercingetorix(维辛格托里克斯) ………………………………… 184
Vergil (Publius Vergilius Maro)〔维吉尔(普布里乌斯·维尔吉利乌斯·马洛)〕 ………………………………………………… 184
Verginius(维尔吉尼乌斯) ……………………………………… 184
Verona(维罗纳) ………………………………………………… 184
Vespasian (Titus Flavius Vespasianus)〔韦伯芗(提图斯·弗拉维乌斯·韦斯帕希雅努斯)〕 …………………………………… 184
Via Latina(Latin Way)(拉丁大道) ………………………… 184
Viminal(维米纳尔) ……………………………………………… 184
Vindex(温德克斯) ……………………………………………… 184
Visigoths(西哥特人) …………………………………………… 184
Vitellius(维特利乌斯) …………………………………………… 185
Volscians(沃尔斯其人) ………………………………………… 185

W

Wallia(瓦里亚) ………………………………………………… 187

Z

Zama(札马) ……………………………………………………… 189
Zenobia(芝诺比娅) ……………………………………………… 189

希腊罗马历史研究手册
XILA LUOMA LISHI YANJIU SHOUCE

上篇：希腊史

Abdera(阿布德拉)——色雷斯古代城市,位于内斯塔斯河口。爱奥尼亚人公元前544年击败居鲁士(Cyrus)入侵之后,在此建城①。

Abydos(阿比多斯)——亚洲一城市,位于赫勒斯滂海峡,与塞斯托斯(Sestos)相望。公元前411年,斯巴达海军将领闵达鲁斯(Mindarus)指挥的斯巴达舰队在此地被特拉斯布卢斯(Thrasybulus)和特拉斯卢斯(Thrasyllus)率领的雅典舰队击败。

Acanthus(阿坎图斯)——希腊(北部)阿索斯山(Mount Athos)半岛海峡的一座城市。该城市居民曾因为薛西斯运送大军开凿了一条运河,受到薛西斯奖赏。公元前423年,阿坎图斯人加入了反雅典的伯罗奔尼撒同盟。

Acarnania(阿卡纳尼亚)——希腊西北部一个地区,也是尤里劳库斯治下,雅典将军德莫斯梯尼(Demosthenes)战胜伯罗奔尼撒人的获胜地点之一。公元前391年,斯巴达国王阿格斯劳斯(Agesilaus)当政时,阿卡纳尼亚被迫臣服于斯巴达。

Achaean League(亚该亚联盟、亚该亚同盟)——公元前281年至公元前146年②,伯罗奔尼撒半岛主要国家组建的联盟,目的是从马其顿人的统治下获得自由。该联盟活动的主要组织者是阿拉塔斯(Aratus)和斐洛比门(Philopoemen)③。

Achaeus(阿卡乌斯)——苏托斯(Xuthus)之子④,亚该亚人的祖先。

Achaia(亚该亚)——伯罗奔尼撒半岛北部一地区,位于科林斯湾南部。

Achelous(阿可罗俄斯)——阿可罗俄斯⑤河是希腊西北部最大的河流,并将埃托利亚(Aetolia)和阿卡纳尼亚(Acarnania)一分为二。

Acropolis(卫城)——建立在城市最高处的堡垒,尤以公元前480年,薛西斯统率下的波斯人毁掉的雅典城堡垒为代表⑥。

---

① 该城市也是古希腊著名哲学家德谟克利特的出生地。
② 公元前146年,该同盟在与罗马人战争中失败,被解散。
③ 约公元前253年至公元前182年,古希腊的战略家和政治家。
④ 在古希腊神话中,苏托斯为海伦(Hellen)和奥西斯(Orseis)之子,生活在雅典的爱奥尼亚人的祖先。他和克鲁萨(Creusa)有两个儿子:伊翁(Ion)和阿卡乌斯(Achaeus),以及一个女儿迪奥米德(Diomede)。得到古希腊著名勇士阿喀琉斯的照顾。另,按照希罗多德的说法,远古时代希腊的四个民族之一是亚该亚人,即阿卡乌斯后代。
⑤ 在古希腊神话中,阿可罗俄斯也是阿可罗俄斯河的守护神。
⑥ 古希腊绝大多数城邦有自己的卫城。在古希腊,卫城都建筑在城邦的最高点,平时用作公共集会等活动场所,战时则充当堡垒(一般情况下,卫城四周建有坚固的城墙),城邦居民撤入卫城。在希腊各个城邦的卫城中,以雅典卫城最著名。雅典卫城始建于公元前580年,总面积约为4平方千米。希波战争中,雅典卫城遭到严重破坏,雅典人花费40年时间重新修建了雅典卫城。

Acte(阿科特)——希腊北部哈尔基季基(Chalcidice)半岛东部古称。薛西斯入侵希腊时,曾开凿了一条穿过地峡的运河。

Aegina(爱琴娜岛)——塞隆尼海湾(Saronic Gulf)一座岛屿,位于阿提卡(Attica)和阿格利斯(Argolis)之间。该岛屿的主要城市爱琴娜曾是雅典的商业竞争对手,后因向大流士提供援助,成为雅典政治上的敌人。雅典则向斯巴达求援(参阅"克里奥门尼斯")。伯利克里时代,爱琴娜岛于公元前456年落入雅典人之手。公元前404年,斯巴达将军吕山德(Lysander)使爱琴娜岛摆脱了雅典人的统治。

Aegospotami(阿哥斯波塔米)——色雷斯一处渺无人烟的、贫瘠的海滨。在这里,卡农(Conon)指挥的雅典舰队于公元前405年被斯巴达将军吕山德彻底击败①。

Aeschines(埃斯基尼斯)——雅典演说家,德莫斯梯尼的对立面。公元前347年,埃斯基尼斯与德莫斯梯尼、菲罗克拉特(Philocrates)②一同作为使节前往马其顿腓力二世处。

Aesschylus (525 – 456 B.C.)〔埃斯库罗斯(公元前525年至公元前456年)〕③——古希腊著名悲剧诗人,因马拉松战役和萨拉米海战而扬名。

Aetolia(埃托利亚)——位于希腊中部、科林斯湾北部的一个地区。

Aetolian League(埃托利亚同盟、伊托利亚联盟)——该联盟大约公元前280年建立,由埃托利亚山区部落组成④。因与亚该亚同盟发生冲突,该同盟从未获得亚该亚同盟那样重要的地位。

Agesandridas(阿吉桑德里达斯)——斯巴达舰队司令官,公元前411年,在埃里特里亚(Eretria)战役中击败雅典海军。

---

① 阿哥斯波塔米位于羊河河口处。这里曾发生了一场伯罗奔尼撒战争中著名的、决定性的战役,亦称羊河战役。此次战役中,雅典海军被全歼,雅典被迫投降,战争的胜利不可逆转地归属斯巴达。伯罗奔尼撒战争到此结束。

② 菲罗克拉特为雅典政治家。公元前346年,参与签订雅典与腓力二世统治的马其顿之间《菲罗克拉特和约》。

③ 埃斯库罗斯被誉为古代希腊悲剧之父,最著名的作品是《被缚的普罗米修斯》。

④ 该联盟是希腊化时期希腊地区两大城邦联盟之一,与亚该亚联盟敌对。在罗马扩张时期,该联盟采取亲罗马政策,在第二次马其顿战争中,支持罗马击败马其顿。其后,为反抗罗马的控制,采取反罗马政策,与罗马的敌人叙利亚结盟。在约公元前190年叙利亚战败后,联盟势衰,至公元前146年被罗马人解散。

Agesilaus（阿格斯劳斯）——斯巴达王①，埃基斯的兄弟和继承人，而埃基斯之子利奥提基德（Leotychides）则于公元前399年遭废黜。阿格斯劳斯在亚洲同波斯总督提沙费尔尼斯（Tissaphernes）战争中获得成功。公元前394年，阿格斯劳斯在克罗尼亚（Coronea）打败雅典人和底比斯人。公元前378年至公元前377年入侵底比斯，但无果而终。公元前370年，在斯巴达家门口同伊帕米农达斯（Epaminondas）交战，并于公元前362年将伊帕米农达斯击溃。公元前361年，远征埃及返回后，阿格斯劳斯于公元前361年死于利比亚，终年84岁。

Agesipolis（埃吉希波里斯）——斯巴达国王鲍桑尼亚斯（Pausanias）之子及继承人②。

Agis Ⅱ.（埃基斯二世）——斯巴达国王。埃基斯二世发动了对阿果斯的战争，虽然不顺利，但实际上于公元前418年赢得了对曼提尼亚（Mantinea）战争的胜利，在这次战役中，雅典人和曼提尼亚人站在了阿果斯一边（不要将此次战役与公元前362年的曼丁尼亚之战相混淆。在这次战役中，伊帕米农达斯殒命沙场③）。埃基斯曾和吕山德围攻雅典，迫使雅典臣服，并于公元前404年结束了伯罗奔尼撒战争。埃基斯二世卒于公元前399年。

Agis Ⅲ.（埃基斯三世）——斯巴达国王，公元前338年，被马其顿国王腓力二世战败。在同亚历山大大帝进行了几场无关紧要的战役之后，埃基斯三世于公元前330年故去。

---

① 即斯巴达国王阿格斯劳斯二世。阿格斯劳斯天生跛足，被称为斯巴达历史上传奇国王，也是斯巴达历史转折点上的国王。阿格斯劳斯在位期间，斯巴达战事连绵。阿格斯劳斯发动了对波斯的远征，参与了科林斯战争，战胜了底比斯，恢复了斯巴达在希腊的霸主地位。15年后，底比斯重新崛起，危及斯巴达的生存。虽然阿格斯劳斯使斯巴达免遭灭亡之命运，但斯巴达从此辉煌不再。晚年，阿格斯劳斯在埃及充当雇佣兵。希腊著名历史学家色诺芬对阿格斯劳斯二世颇为推崇，专门为这位斯巴达国王写下了《阿格斯劳斯二世传》。在传记中，色诺芬对阿格斯劳斯二世大加赞赏。该传记亦为了解斯巴达社会历史的重要史料。

② 公元前385年，斯巴达国王埃吉希波里斯在围攻曼提尼亚战役中，面对据城而守的敌方，发明了一个破城的新战术——在一条流经城市的河流上构筑了一道水坝，使水面漫过城墙的基础，由于这座城墙用泥砖筑成，在河水浸泡下砖块瓦解，敌人被迫投降。

③ 伊帕米农达斯（公元前410至公元前362年，也泽为"伊巴密浓达"），底比斯政治家、军事战术家和领袖。公元前371年，留克特拉战役中，伊帕米农达斯以新战术击败斯巴达人，使底比斯成为希腊最强的城邦。另外，伊帕米农达斯四次成功地攻入伯罗奔尼撒。公元前362年，伊帕米农达斯率领盟邦军队在曼丁尼亚战役击败斯巴达、雅典及其盟邦，他本人也在战场上负伤身亡。

Agora(集会、阿格拉)——普通自由民的集会①。开会时不争论,也不投票,而是召集在一起聆听王和王的酋长们讨论过的相关事宜。集会后来成为颇有权力的民众大会。

Agrigentum (Acragas)〔阿格里琴托(阿克拉加斯)〕——西西里南部城市,即现代阿格里琴托。公元前560年至公元前540年,暴君法拉里斯(Phalaris)统治阿格里琴托,公元前406年被迦太基人征服,后于公元前391年被叙拉古暴君狄奥尼修斯一世收复。布匿战争初期的公元前264年,罗马人占领了阿格里琴托。

Alcibiades(阿尔西比亚德斯)——科里尼亚斯(Clinias)之子。阿尔西比亚德斯出身于一个古老、殷实的家庭,在民众中享有很高的声望。公元前415年,由于出任舰队司令,并与尼西亚斯(Nicias)、拉马库斯(Lamachus)共同远征西西里,阿尔西比亚德斯声名大噪。正当阿尔西比亚德斯准备一展身手时,他的政敌在损毁的赫尔梅斯(Hermes)神像庙宇前,指控他亵渎厄琉息斯秘密宗教仪式(Eleusinian Mysteries)。阿尔西比亚德斯的政敌在他离开雅典期间,提出对他控告的请求。阿尔西比亚德斯否认这些控告,也拒绝接受审判。远征西西里开始后,阿尔西比亚德斯不久便被召回雅典受审。但阿尔西比亚德斯逃到了斯巴达,同斯巴达人一道反对雅典。西西里远征之后,阿尔西比亚德斯遭遇斯巴达国王埃基斯二世的冷落,从埃基斯二世宫廷隐退,离开斯巴达,前往波斯总督提沙费尔尼斯处。在那里,阿尔西比亚德斯利用自己的影响,阻止提沙费尔尼斯援助能够轻而易举征服的斯巴达。在萨摩斯的裴山德(Peisander)诱使下,阿尔西比亚德斯的朋友特拉斯布卢斯和特拉斯卢斯将他召回。4年后,阿尔西比亚德斯返回雅典,得到了人们的宽恕,并被委以军事指挥权。公元前410年,阿尔西比亚德斯赢得了同闵达鲁斯和伯罗奔尼撒人基齐库斯(Cyzicus)战役的胜利,再次获得了雅典舰队的指挥权,但他却把舰队留给了安提奥库斯。在阿尔西比亚德斯离开后,安提奥库斯在公元前407年的诺丁姆(Notium)战役中败北,阿尔西比亚德斯对这场灾难负有不可推卸的责任,遂遭到放逐。公元前404年,阿尔西比亚德斯被人杀死。

Alomaeodnidae(阿罗梅奥尼戴)——雅典一显贵家族,该家族成员之一执政官麦加克勒斯(Megacles)曾违背诺言,于公元前632年处死基隆(Cylon)的追随者。庇西特拉图将其流放。麦加克勒斯曾与庇西特拉图重建特尔斐神庙,并成功借助斯巴达人的力量,将西庇亚斯逐出雅典,由此得以重回雅典。

Alexander Ⅰ.(亚历山大一世)——马其顿统治者。在希腊人反抗薛西斯入侵

---

① Agora 原意为集市,泛指古希腊城市中经济、行政、社交、文化的中心。阿格拉通常地处城市中心地带,为露天广场。城市男性居民聚集在那里进行商业交易。此外,阿格拉还是居民谈论政治、谈论哲学,以及相互结识的场所,颇似古罗马的 Forum——广场。

战争中,亚历山大一世与希腊人交好。马尔多尼乌斯(Mardonius)曾派亚历山大一世劝说雅典人放弃反抗薛西斯的希腊联盟。尽管条件非常优惠,但他的建议仍于公元前479年遭到拒绝。

  Alexander Ⅲ.(亚历山大三世、亚历山大大帝)——马其顿腓力二世之子(公元前356年至公元前323年),20岁继承王位。完成了父王在色雷斯未竟的征服后,亚历山大挥师越过多瑙河,降伏伊利里亚人。在亚历山大死去的谣言四散时,底比斯人反叛,并向雅典人寻求援助。德莫斯梯尼主张参战,但雅典人持谨慎态度。依然健在的亚历山大进军底比斯,迅速占领这座城市,夷平城墙,将这里的居民卖为奴隶,唯有神庙和诗人品达的寓所得以幸免(公元前335年)。这也是对其他所有希腊人的警告。雅典人派出了使节,亚历山大盛情款待了雅典使节,因为亚历山大不希望在自己忙于远征亚洲时,希腊再出现任何敌人。亚历山大的目标是入侵波斯,战胜大流士三世。公元前334年,亚历山大只留下将领安提帕特(Antipater),以及能够应付希腊各种事务的军队后,率兵横渡赫勒斯滂海峡,同他那支强大的军队一起进入亚洲。在格兰尼库斯(Granicus)河①第一次与波斯军队交战中,波斯军队败北。赫勒斯滂海峡南部的希腊城市悉数向亚历山大投降。逾越了一系列障碍后,亚历山大以征服者的身份穿过小亚,抵达戈尔迪乌姆(Gordium)。公元前333年,大流士三世在巴比伦集结了一支数量可观的军队,通过伊苏斯(Issus)时,与亚历山大的军队相遇,波斯军队再次被打败,大流士三世落荒而逃。大流士三世的母亲西斯冈比斯(Sisygambis)②及妻儿老小成为亚历山大的阶下囚。亚历山大给予他们与身份相符的各种尊敬。伊苏斯战役之后,亚历山大进军至大马士革(Damascus),并在那里发现了大流士三世财宝。倒霉的大流士三世试图同亚历山大进行和平谈判,但没有成功,战事重开。亚历山大围攻提尔(Tyre)城,占领并摧毁这座城市。大流士三世试图再一次提出保命的和平条款,但仍徒劳无益。亚历山大穿过巴勒斯坦,接受了除加沙(Gaza)城之外所有城市的效忠。加沙城总督巴提斯(Batis)进行了抵抗,但最终失败被杀。亚历山大兵不血刃地征服了埃及,并建立了亚历山大里亚城。两年之后,亚历山大对大流士三世重新开战。两人在阿柏拉(Arbela)附近一个名曰高加米拉(Gangamela)的地方遭遇,大流士三世军队被打败。亚历山大占领了巴比伦、苏撒(Susa),将波斯波利斯夷为平地。亚历山大追击大流士三世远至埃克巴坦纳(Ecbatana),在那里大流士三世在奥克斯河下游登陆

---

  ① 发生在格兰尼库斯河的这次战役即著名的"格兰尼库斯河战役"(The Battle of Granicus)。参战的波斯军队2万余人,只有大约2 000希腊雇佣军被俘,其余全部死于战场。亚历山大东征首战告捷。

  ② 西斯冈比斯是阿尔塔薛西斯之女。后将自己的孙女嫁给亚历山大。

避难。大流士三世的随从厌恶大流士三世的胆怯,将其囚禁,宣布他的表弟贝苏斯(Bessus)为东方之王。在亚历山大逼近时,贝苏斯杀死了大流士三世,但贝苏斯随后也被处决(公元前330年)。亚历山大继续在印度进行远征。公元前323年,亚历山大死于巴比伦。

Alexander of Pherae(费莱的亚历山大)——暴君费莱的贾森之女婿(Jason of Pherae)。亚历山大的统治引发了反叛,并导致与底比斯的战争。底比斯将领佩罗匹达斯(Pelopidas)被囚,但伊帕米农达斯获得军事指挥权。公元前368年,伊帕米农达斯打败亚历山大,解救了佩罗匹达斯。4年后,战事再起,佩罗匹达斯被杀,但亚历山大也失去了除费莱之外的所有属地。不久后,亚历山大于公元前364年被人杀死。

Alexandria(亚历山大里亚)——公元前332年,亚历山大大帝建造的埃及城市[1]。

Alpheus(阿尔弗斯河)——阿卡迪亚的一条河流,注入爱奥尼亚海[2]。

Ambracia(阿布拉西亚)——埃庇鲁斯南部一座城市[3]。阿布拉西亚加入了与雅典敌对的埃托利亚同盟,但在公元前426年被雅典将领德莫斯梯尼彻底击败。公元前338年,马其顿的腓力二世科林斯会盟之后,在阿布拉西亚建立要塞。腓力二世死后,当地居民被逐出要塞,并引发叛乱,但在公元前336年臣服于亚历山大。

Amphea(安菲)——美塞尼亚一座要塞,大约公元前743年,第一次美塞尼亚战争中被斯巴达占领。

Amphictyonic Council(宗盟会议)——所谓"宗盟会议"或"邻邦联盟"是各个城市、部落为举行宗教仪式,保护神庙构成的联合体。在这些宗盟会议中,特尔斐邻邦同盟会议是主要的,在特尔斐掌管阿波罗神庙。宗盟会议成员绝不毁坏盟员城镇,也不在战争期间切断供水系统。

Amphipolis(安菲波利斯)——色雷斯南部斯特里蒙河畔的雅典殖民地[4]。公元前423年,被斯巴达名将布拉斯达斯(Brasidas)和伯罗奔尼撒人占领。第二年,克里昂(Cleon)率领雅典人欲夺回安菲波利斯,但惨遭失败,克里昂和布拉斯达斯

---

[1] 希腊化时代,亚历山大里亚曾是托勒密埃及的都城,人文科学异常繁盛,学者云集。这里的博物馆和图书馆是当时享有国际声誉的学府。

[2] 阿尔弗斯河是伯罗奔尼撒半岛最长的河流,发源于半岛中部,往西北注入爱奥尼亚海。

[3] 埃庇鲁斯位于亚得里亚海滨(今天的希腊北部和阿尔巴尼亚南部),以农业和渔业为社会经济基础。但这里"盛产"出色的军事指挥官,皮洛士即是其中之一。

[4] 今称为斯特里默纳斯(Strymonas)。

双双殒命①。公元前357年,因内部有人变节,安菲波利斯被马其顿的腓力二世占领。

Antalcidas, Peace of(《安塔尔西达斯和约》)——因著名的斯巴达人安塔尔西达斯②而得名。该和约于公元前387年由斯巴达和波斯签订,标志着科林斯战争的结束③。

Antioch(安提柯、安提阿、安提俄克等)——位于叙利亚北部奥伦特斯河(Orontes)岸边的著名城市。曾经是古代叙利亚的都城,现今为土耳其南部城市(土耳其哈搭伊省省会)④。

Antiochus(安提奥库斯)——阿尔西比亚德斯曾任命安提奥库斯指挥雅典海军舰队。在公元前407年诺丁姆战役中⑤,被吕山德指挥的斯巴达人击败。

Antipater(安提帕特)——亚历山大大帝麾下部将。亚历山大大帝东征期间,任命安提帕特指挥马其顿在希腊的军队。

Apelia(阿皮利亚)——斯巴达年满30岁以上自由民大会。参加者每月集会一次,讨论长老会议(Gerousia)通过的诸如战争、废黜国王等事宜。表决方式是欢呼声。

Aratus(阿拉塔斯)——亚该亚同盟的最高领导者是将军(参阅"亚该亚同盟"),战时率兵出征,平时也拥有较大的权力。阿拉塔斯曾连续17次出任同盟将军。

Arbela(阿贝拉)——小亚一城市。公元前331年,在阿贝拉附近一个名曰高

---

① 克里昂和布拉斯达斯为此次安菲波利斯城战役交战双方的主将。克里昂为雅典国内的主战派,他战死后,雅典与斯巴达签订了《尼西亚斯和约》。伯罗奔尼撒战争的第一阶段遂告结束。

② 安塔尔西达斯,斯巴达的战士、外交家,莱昂(Leon)之子。公元前388年至公元前387年,曾出任斯巴达海军司令。战争的最后阶段,安塔尔西达斯代表斯巴达在波斯首都苏萨,同波斯国王签订了和约。和约规定,位于小亚的希腊诸城邦置于波斯的统治之下,除斯巴达领导的伯罗奔尼撒同盟外,解散其他所有希腊同盟。该和约划定了希腊与波斯的边界,换得了波斯对斯巴达的支持。

③ 此次战争系阿尔塔薛西斯为征服斯巴达发动的战争。战争中,波斯出钱资助斯巴达进攻雅典。

④ 罗马人征服安提柯之后,这里成为罗马在亚洲主要城市之一。

⑤ 诺丁姆战役是伯罗奔尼撒战争中一次海战。有人认为,安提奥库斯并非雅典将领,而是阿尔西比亚德的私人舵手。阿尔西比亚德此举显然违背了常理和传统,并导致诺丁姆海战失利,安提奥库斯也死于战场。诺丁姆战役的失败,使阿尔西比亚德再次失去了在雅典的领导权。雅典海军的指挥权落入科农手中。

加米拉(意为骆驼屋)①的地方,亚历山大大帝击溃大流士三世。

Arcadia(阿卡迪亚)——伯罗奔尼撒中部一个地区。第二次美塞尼亚战争中,阿卡迪亚人帮助美塞尼亚人抵抗斯巴达,但阿卡迪亚人的国王阿里司托克拉特斯却背弃他的盟友,导致失败(公元前650年)。阿卡迪亚人联合皮萨坦斯人(Pisatans)占领了奥林匹亚,置斯巴达于不顾,举办奥林匹亚竞技会。但最终阿卡迪亚人被斯巴达人打败,并臣服于斯巴达人。

Archidamus(阿奇达姆斯、阿奇达慕斯)——斯巴达国王。阿奇达姆斯反对发动伯罗奔尼撒战争,但迫于民众愿望的压力,阿奇达姆斯指挥军队发动了伯罗奔尼撒战争。公元前431年,阿奇达姆斯入侵阿提卡,并蹂躏了该地区。第二年雅典发生瘟疫期间,阿奇达姆斯又一次指挥军队入侵阿提卡,围困雅典。公元前429年,阿奇达姆斯围攻雅典盟友普拉提亚,但最终无果而归②。

Archon(执政官)——统治雅典的9名官吏之一③。在九执政中,首席执政官称为Eponymus,亦即名年执政官;第二名称为King Archon;第三名为Polemarch,即军事执政官,其余6人被称为Thesmothetae。卸任执政官组成了战神山会议(Areopagus)④。

Areopagus(战神山会议、战神山议事会、阿雷奥帕古斯)——雅典议会,由卸任执政官组成。阿雷奥帕古斯得名于雅典卫城西北部阿莱斯地区(Ares)一座山的名字——Areos Pagos⑤,战神山会议在此地举行。公元前594年,梭伦对战神山会议进行了改革。在公元前460年伯利克里入主雅典之前,伴随民主派势力的崛起,战神山会议失去了昔日的重要地位,只保留了凶杀案件的审判权⑥。

Arginusae(阿吉努塞)——小亚伊奥利亚(Aeolis)海岸外一群小岛屿,位于莱斯波斯(Lesbos)岛南方⑦。公元前406年,科农指挥雅典舰队在阿吉努塞击败卡里

---

① 高加米拉战役是一场以少胜多的战役,战役进行得异常激烈,波斯军队数万人战死,而亚历山大大帝所率军队只有数百人阵亡。人称这是一场无法复制、无法效仿的胜利。

② 公元前428年,阿奇达姆斯第三次入侵阿提卡,但仍未达到迫使雅典投降之目的。

③ 在古希腊语中,archon一词的原意是统治者、领导者。

④ 九执政最初只有三人,三人每人有权任命两名助理。后来,贵族代表的战神山会议将执政官人数增加至9人,其中6人被称为 *thesmothetai*,意为立法者,即司法执政官。

⑤ 罗马人把这座岩石山以战神马尔斯命名,故名"战神山"(Mars Hill)。

⑥ 这里曾是雅典民事、刑事案件的高等上诉法庭。伴随战神山会议权力的削减,执政官的权力也大为削减,与普通行政官员无异。

⑦ 莱斯波斯岛为爱琴海第三大岛屿。古希腊著名女诗人萨芙即出生在这个岛屿上的一个贵族家庭。

克拉提达斯(Callicratidas)率领的伯罗奔尼撒舰队,卡里克拉提达斯也在此役中殒命①。

Argos(阿果斯、阿哥斯)——伯罗奔尼撒半岛东部阿格利斯的主要城市。据说,阿果斯早期一位国王斐冬(Pheidon)②在希腊率先制造铜币和银币。在科林斯人劝说的影响下,阿果斯人在伯罗奔尼撒战争期间成为反斯巴达联盟的领导者。斯巴达人在埃基斯指挥下入侵阿格利斯,但埃基斯错过了消灭对手的机会,竟然同意休战。雅典人在阿尔西比亚德斯领导下,加入了阿果斯领导的反斯巴达联盟。获悉该联盟威胁到阿卡迪亚的泰格阿(Tegea)时,埃基斯国王匆忙赶到曼提尼亚(Mantinea)。公元前418年,阿果斯人及其盟友在曼提尼亚遭到惨败。依靠波斯人支援的军队和舰船,阿果斯联合科林斯、雅典和底比斯等城邦参与了同斯巴达的战争。

Aristagoras(阿里斯塔格拉斯)③——米利都僭主,曾鼓动爱奥尼亚城邦起义,反对波斯人统治。阿里斯塔格拉斯请求斯巴达王克里奥门尼斯给予援助,但遭拒绝。阿里斯塔格拉斯转而向雅典求援,获得成功。雅典人联合埃里特里亚人和尤俾亚人(Euboeans)进军小亚吕底亚的萨迪斯(Sardis),并焚毁了这座城市。然而,雅典人还是放弃了阿里斯塔格拉斯的事业,这场反叛由曾赢得雷德岛(Lade,属米利都)海战胜利的波斯总督阿尔塔费尼斯(Artaphernes)④平息。阿里斯塔格拉斯亡命色雷斯。公元前498年,阿里斯塔格拉斯在色雷斯被杀。

Aristeides (Aristides)(亚里斯泰迪斯)——亚里斯泰迪斯为利斯马库斯(Lysimachus)之子。出身中产阶级的亚里斯泰迪斯,所得到的地位完全归功于个人的能力,他恪守公正、诚实、头脑冷静。"头脑冷静"的品质则与雅典人的性格不相一致,这一优秀品质在容易冲动的时刻表现出来。与迪米斯托克里斯(Themistocles)截然相反,亚里斯泰迪斯因倡导冷静、保守的对斯巴达政策遭到放逐。在薛西斯迫使雅典撤出自己的城市时,亚里斯泰迪斯因当权者大赦所有流放者得以返回雅典。

---

① 此次战役为伯罗奔尼撒战争中的著名战役——阿吉努塞战役(Battle of Arginusae)。战前,斯巴达海军将领卡里克拉提达斯不愿意向波斯人求援,自己筹款建造舰船。战役进行过程中,斯巴达曾占据上风,但雅典人扭转战局,击沉斯巴达70艘舰船,打败了卡里克拉提达斯指挥的斯巴达舰队。

② 斐冬也是希腊历史上最早的僭主。斐冬当政期间,阿果斯达到鼎盛。斐冬还曾是第28届奥林匹亚竞技会的幕后主持者,使阿果斯在希腊地区影响力大增。斐冬死后,阿果斯的地位和影响逐步下滑,沦为希腊世界的二流城邦。

③ 阿里斯塔格拉斯亦为波斯国王大流士的女婿。

④ 阿尔塔费尼斯为萨迪斯总督,大流士的妻舅。在雷德岛附近海域,希腊海军被波斯海军击败,也决定了米利都的命运。

亚里斯泰迪斯在萨拉米海战、普拉提亚(Plataea)和拜占庭战役中声名大振。亚里斯泰迪斯还是提洛同盟的发起人,并成为该同盟的领导人。亚里斯泰迪斯取代斯巴达王鲍桑尼亚斯(Pausanias)成为斯巴达和雅典联合舰队指挥官。亚里斯泰迪斯的政敌迪米斯托克里斯的贪婪也被他揭露无遗。公元前468年,亚里斯泰迪斯在惋惜和荣耀中死去。

Aristeus(阿里斯图斯)——一位参加由卡里亚斯(Callias)指挥的、反对雅典人的波提迪亚①战役中失败的科林斯将领。公元前430年被杀。

Aristocrates(阿里司托克拉特斯)——第二次反斯巴达之美塞尼亚战争中,阿卡迪亚人的国王和领导者。陆战中,阿里司托克拉特斯放弃了自己的盟友美塞尼亚人,由此导致美塞尼亚人失败。公元前650年,阿里司托克拉特斯被手下乱石打死。

1. Aristodemus(阿里斯托德姆斯)——第一次美塞尼亚战争的领导者。为了求得神保佑他获得胜利,阿里斯托德姆斯徒劳地将自己的女儿献祭牺牲。公元前723年,在伊托美山(Mount Ithome)坚持了12年后,战争和饥荒迫使美塞尼亚人屈服,阿里斯托德姆斯在绝望中自杀。

2. Aristodemus(阿里斯托德姆斯)——斯巴达一胆小鬼。公元前480年,阿里斯托德姆斯曾使自己远离德莫比利战役,由此逃脱了同僚李奥尼达(Leonidas)的厄运。因成为人人厌恶的对象,阿里斯托德姆斯自愿在普拉提亚之役中丢掉性命。

Aristogeiton(阿里斯托基吞)——哈默狄乌斯组织谋杀僭主西庇亚斯的主要参与者。因错杀了西庇亚斯的胞弟希帕库斯,阴谋败露,阿里斯托基吞和哈默狄乌斯双双死于非命②(参阅"哈默狄乌斯")。

Aristomenes(阿里斯托门尼斯)——第二次美塞尼亚战争中,美塞尼亚人的首领。阿里斯托门尼斯在伊拉(Ira)要塞遭败绩,死于罗德斯岛(参阅"凯达斯山谷")。

Aristophanes(450 - 385 B. C.)(阿里斯托芬,公元前450年至公元前385年)——最重要的希腊喜剧作家。他在自己的作品中描绘了日常生活,如《云》《骑士》《鸟》《马蜂》等。

Aristotle(亚里斯多德)——哲学家柏拉图(公元前384年至公元前322年)门

---

① 科林斯的六个殖民地之一。
② 阿里斯托基吞刺杀僭主的行动深得雅典人赞赏。他死后,雅典人在广场上为他和哈默狄乌斯树立了雕像,一些诗人也撰写诗文,颂扬刺杀僭主的勇敢精神,甚至专门有特定的纪念日,纪念他和哈默狄乌斯的"壮举"。据记载,一直到古罗马时期,雕像依然存在。

徒,希腊最伟大的哲学家之一①。人们对亚里斯多德修辞学、逻辑学、诗学、美学、政治学等领域著作的研究持久不衰。

Artabazus(阿塔巴泽斯)——薛西斯手下将领。阿塔巴泽斯在赫勒斯滂海峡保护了后撤军队,然后行进至哈尔基季基半岛,惩罚那些反抗波斯权威的奥林图斯(Olynthus)和波提迪亚(Potidaea)所属城市。奥林图斯陷落,居民遭屠戮,但海水凶猛上涨,迫使阿塔巴泽斯重新向帖萨利进军,以便与波斯将领马尔多尼乌斯会合。公元前479年,普拉提亚战役失败后,阿塔巴泽斯背信弃义,离开战场,返回色雷斯,后又回到亚洲。

1. Artaphernes(阿尔塔费尼斯)——大流士一世兄弟,吕底亚总督,指挥了针对希腊诸岛屿的远征。阿尔塔费尼斯密谋推翻米利都的阿里斯塔格拉斯,阿里斯塔格拉斯曾组织著名的纳克索斯(Naxos)围城战,以便为大流士一世赢得这座岛屿,阿里斯塔格拉斯也因此赢得了波斯人的好感。阿尔塔费尼斯设法使波斯贵族麦加巴提斯(Megabates)成为阿里斯塔格拉斯的副将。然而,阿里斯塔格拉斯与麦加巴提斯关系不睦,麦加巴提斯暗地里将纳克索斯将要遭到围攻的消息传递给纳克索斯人。阿里斯塔格拉斯抵达纳克索斯城下时,发现该城军民严阵以待,只得无功而返。阿里斯塔格拉斯与麦加巴提斯的私人恩怨,导致爱奥尼亚和希腊许多地区反抗波斯人的统治。阿里斯塔格拉斯从雅典和埃里特里亚得到了支援的舰队②,进攻萨迪斯和阿尔塔费尼斯的驻地,但希腊人将逐回阿尔塔费尼斯大本营,并焚烧了萨迪斯。为了报焚毁萨迪斯之仇,阿尔塔费尼斯集合自己所有的兵力进攻米利都。阿尔塔费尼斯通过围城战③,占领了米利都,不仅焚毁了这座城市,还将城中居民卖为奴隶。其他一些城市俯首称臣。

2. Artaphernes(阿尔塔费尼斯)——吕底亚总督阿尔塔费尼斯之子,曾任大流士一世的总督,在公元前490年的马拉松战役遭败绩。

ArtaxerxesⅠ.(阿尔塔薛西斯一世)——薛西斯之子和继承人。迪米斯托克里斯被流放期间,曾在阿尔塔薛西斯一世的宫廷避难。阿尔塔薛西斯一世与雅典人进行谈判,公元前465年至公元前425年,雅典人曾派卡里亚斯(Callias)作为使者

---

① 亚里斯多德不仅是世界古代最伟大的哲学家、科学家,而且是亚历山大大帝的老师。亚里斯多德堪称百科全书式的学者,他在当时已知的各个学科领域都有过建树。马克思称其为古希腊哲学家中最博学的人物。

② 阿尔塔费尼斯得到的援助非常有限,雅典人派出的援助舰只为25艘,埃里特里亚则仅仅支援了5艘舰船。

③ 米利都的围城战在水陆两栖同时进行。阿尔塔费尼斯在海上出动的舰船超过350艘。城陷后,米利都的命运随之发生了彻底改变。

前往波斯①。

Artaxerxes Ⅱ.(阿尔塔薛西斯二世)——大流士二世之子和继承人(公元前404年登基)。阿尔塔薛西斯的弟弟居鲁士觊觎王位②,举兵反叛,并请求他的斯巴达友人出兵进攻阿尔塔薛西斯二世。公元前401年,两支军队在巴比伦附近的库纳克萨(Cunaxa)相遇,居鲁士战败被杀。此次战役之后,发生了著名的万人大撤退③(参阅"色诺芬")。公元前387年,阿尔塔薛西斯二世同希腊签订了著名的、结束科林斯战争的《安塔尔西达斯和约》。阿尔塔薛西斯二世的统治终结于公元前359年。

Artemisium(阿特密西乌姆)——尤俾亚北岸的一个地域广袤的乡村地带。公元前480年薛西斯一世到达之前,雅典舰队从这里撤离④。

Asopus(阿索普斯河)——比奥提亚境内一条河流(参阅"普拉提亚")。

Athens(雅典)——阿提卡的主要城市。最初因其建立者塞克罗普斯⑤(Cecrops)得名塞克洛皮亚(Cecropia)。在王政衰落和设置执政官之后,公元前594年,发生了著名的梭伦改革。公元前560年,皮西特拉图建立僭主政治;公元前510年,皮西特拉图之子西庇亚斯遭驱逐。公元前492年至公元前449年,雅典与米底人(Medes)发生战争⑥。公元前461年至公元前429年,伯利克里当政期间,雅典跻身全希腊一流城邦之列。公元前431年至公元前404年,伯罗奔尼撒战争爆发,这场战争以雅典臣服斯巴达而告终,并将霸权让渡给斯巴达。公元前378年至公元前362年,在斯巴达人与底比斯人的冲突中,雅典的影响有所恢复,但并不足以取代斯巴达。虽然德莫斯梯尼做了多方努力,雅典还是于公元前338年臣服于马其顿的腓力二世。亚历山大死后,雅典的繁荣与不幸的历史同时结束。公元前

---

① 公元前449年,希腊海军在萨拉米海战中重创波斯军队。萨拉米海战后,波斯和希腊双方同意媾和。雅典派全权代表卡里亚斯赴波斯首都苏萨谈判,并签订了著名的《卡里亚斯和约》。和约规定,波斯放弃对爱琴海,以及赫勒斯滂和博斯普鲁斯海峡(黑海出口)的控制,承认小亚西岸希腊诸城邦的独立。持续近半个世纪的希波战争到此落下帷幕,雅典成为爱琴海地区霸主,波斯帝国则大败而归。但对于该条约的真实性,自公元前4世纪以来,一直受到质疑。

② 此处的居鲁士为小居鲁士,时任吕底亚总督和波斯小亚驻军总司令。据载,小居鲁士在库纳克萨战役中中箭身亡。

③ 指的是小居鲁士死后,他的希腊雇佣兵群龙无首,从战场上撤离。

④ 第一次希波战争期间,大流士一世举兵进攻希腊,在温泉关、阿特密西乌姆等地获得了胜利,并征服了帖萨利等希腊城邦。

⑤ 塞克罗普斯是希腊神话传说中雅典第一任统治者,生有人身蛇尾。《荷马史诗》、罗马诗人维吉尔的《埃尼阿德》都有关于塞克罗普斯的描述。

⑥ 米底人系古代亚洲西部(今天伊朗西北部)一古老民族。

146年,雅典和希腊其他地区尽归罗马人统治。在米特拉达梯战争中,雅典曾试图摆脱罗马人的统治,但在公元前87年被苏拉彻底摧毁。

  Athos, Mount(阿托斯山)——位于阿科特半岛海岬顶端,公元前492年,马尔多尼乌斯(Mardonius)指挥的波斯舰队在这里被歼灭①。

  Attalus(阿塔鲁斯)——马其顿腓力二世手下将领,其侄女克利奥帕特拉嫁给了腓力二世。公元前336年,亚历山大下令将阿塔鲁斯处死。

  Attica(阿提卡)——希腊东部一地区,首都为雅典。

---

  ① 马尔多尼乌斯为大流士一世女婿。公元前492年,马尔多尼乌斯指挥波斯舰队进攻希腊时,在阿托斯山附近遭遇风暴,舰队被毁,波斯军队被迫撤回亚洲。

Babylon(巴比伦)——位于幼发拉底河岸边的小亚城市。公元前529年,居鲁士大帝①从(新)巴比伦王那波纳迪乌斯(Narbonadius)手中夺取了巴比伦。大流士一世继承王位后,巴比伦试图摆脱波斯人统治,但大流士一世加强自己的实力,建立了波斯帝国。亚历山大大帝从大流士三世手中夺取了巴比伦。公元前323年,亚历山大大帝在巴比伦染疾身亡。

Bactria(巴克特里亚)——位于小亚一个被亚历山大征服的地区②。

Batis(巴提斯)——巴勒斯坦城市加沙统治者。巴提斯拒绝向亚历山大投降,并在随后的战争中战败身亡(公元前332年)③。

Bema(贝玛)——雅典的公民大会最初在卫城附近的山上举行,人们认为,这里即是今天的皮尼克斯山(Pnyx),该地点称为贝玛。

Bessus(贝苏斯)——大流士三世表兄弟,巴克特里亚总督。在大流士三世逃到埃克巴坦纳之后④,贝苏斯想要成为东方之王,但未能得逞。获悉贝苏斯及其追随者杀死大流士三世后,公元前329年,亚历山大为自己此前的敌人之死报仇,处死了贝苏斯。

Boeotia(比奥提亚)——阿提卡北部一希腊地区。公元前456年,该地区被雅典人征服。公元前447年,比奥提亚举兵反抗雅典,后被薛西斯征服。伯罗奔尼撒战争中,比奥提亚与斯巴达结盟。公元前338年,比奥提亚遭到马其顿腓力二世的入侵。

Boule(立法会议)——德拉古组建,由401人组成的会议,战神山会议的各种政治职能转移至该会议,公民大会召开之前,准备提出的各种对策。该会议可比作罗马的元老院。梭伦改革后,该会议由400人组成。此后,克利斯梯尼将其增加至500人。

Brasidas(布拉斯达斯)——伯罗奔尼撒战争中斯巴达将领,公元前422年,在色雷斯的安菲波利斯被杀。布拉斯达斯之死是斯巴达人的巨大损失。

Byzantium(拜占庭)——现代的君士坦丁堡,波斯人在色雷斯的重要堡垒,大约公元前658年为麦加拉人所建。公元前478年,拜占庭被鲍桑尼亚斯占领,但由

---

① 居鲁士大帝是波斯帝国的缔造者,波斯阿黑门尼德王朝第一代君主。据希罗多德记载,居鲁士是波斯人与米底人通婚的后代。居鲁士从一个伊朗南部的小部落首领起家,先后战胜了米堤亚(亦称米底)、吕底亚和巴比伦三个帝国,建立了一个从尼罗河至高加索,从爱琴海到印度,横跨欧亚非三大洲的庞大国家。

② 中国古代史籍中将此地称为大夏。

③ 亚历山大东征过程中,在加沙遭遇当地军民顽强抵抗。亚历山大攻陷加沙后,将当地居民悉数卖为奴隶。

④ 今天伊朗的哈马丹,曾是古代米堤亚(米底)的都城。

于鲍桑尼亚斯变节,舰队拒绝服从他的指挥,指挥权转移到亚里斯泰迪斯(Aristides)和西蒙(Cimon)手中。拜占庭承认了亚历山大的统治。伯利克里当政期间,拜占庭曾举兵反对雅典,但被镇压。公元前408年,拜占庭再次反抗雅典,阿尔西比亚德斯平息了反叛,并占领了该城。公元前339年,曾经被福西翁(Phocion)打败的马其顿国王腓力二世占领了这座城市。

Cadmeia（Cadmea）(卡德米亚)——底比斯的要塞和卫城，称谓来源于该城市的建立者卡德姆斯(Cadmus)①。由于底比斯人莱昂提亚德斯(Leontiades)的变节，斯巴达将领弗庇达斯(Phoebidas)于公元前382年占领了卡德米亚②，但三年之后，通过底比斯人及其盟友雅典人的不懈努力③，重新收回了卡德米亚。

Callias(卡里亚斯)——伯利克里派遣卡里亚斯与斯巴达人谈判，于公元前445年，同斯巴达签订了《三十年和约》。

Callicratidas(卡里克拉提达斯)——斯巴达海军将领。卡里克拉提达斯因吕山德任职期满，接替了吕山德的职位④。公元前406年，在同科农及雅典人所进行的阿吉努塞海战中⑤，卡里克拉提达斯战败，溺水身亡。

Cambyses(冈比西斯二世)——波斯君主（公元前529年至公元前521年在位），居鲁士大帝之子和继承人。冈比西斯二世征服了埃及，并秘密杀害了胞弟巴德斯(Bardes)或斯莫迪斯(Smerdis)，但一个名曰高墨达(Gomates)的假冒者称自己为巴德斯（伪巴德斯），支持他的起义活动此起彼伏，冈比西斯被杀⑥。

Ceadas(凯达斯山谷)——斯巴达处决犯人的山谷——将犯人丢下山谷。据说，第二次美塞尼亚战争中，美塞尼亚人首领阿里斯托门尼斯便被推下凯达斯山谷，但阿里斯托门尼斯却毫发无损地得以逃脱。

Cecrops(塞克罗普斯)——埃及人，神话传说中雅典城的建立者。

Chabrias(卡布里亚斯)——雅典将领，曾在公元前376年纳克索斯战役中打败斯巴达舰队⑦。公元前375年"同盟者战争"期间，卡布里亚斯指挥海军进攻凯俄斯岛(Chios)时被杀⑧。

Chaeronea(凯隆耐、喀罗尼亚)——比奥提亚一城市。公元前338年第三次神

---

① 卡德姆斯为希腊神话传说中的人物。传说，他在寻找妹妹过程中，来到底比斯，建立了以他名字命名的卡德米亚城。希腊人认为，卡德姆斯发明了腓尼基字母文字。

② 据载，弗庇达斯利用底比斯人的内讧侵占了卡米德亚。

③ 为了同斯巴达对抗，底比斯还联合了科林斯、阿果斯等城邦与斯巴达交战。

④ 斯巴达法律规定，海军将领任期为1年。

⑤ 此次海战斯巴达人损兵折将，不仅主将战败身亡，还损失了70艘舰船。海战结束后，斯巴达人曾向雅典人提出和平建议，但遭到雅典人拒绝。

⑥ 冈比西斯二世在征服努比亚时，国内发生暴动。冈比西斯则在返回途中神秘死去，关于他的死因其说不一，有人认为是病死，有人认为死于自杀，也有人认为是遭谋杀致死。

⑦ 普鲁塔克对卡布里亚斯的事迹有所记载。根据普鲁塔克的记述，卡布里亚斯善于用兵，在公元前392年的科林斯战争中屡建奇功，扬名天下。

⑧ 凯俄斯岛为爱琴海上的一个岛屿，距土耳其较近，是希腊第五大岛屿。现为著名旅游景点。

圣战争中①,马其顿腓力二世在这里打败了底比斯人和雅典人。凯隆耐曾落入著名的底比斯神圣军的某人手中②。

Chares(卡瑞斯)——"同盟者战争"期间雅典将领。在围攻拜占庭和与里斯克莱斯(Lysicles)一同指挥的凯隆耐战役中③,卡瑞斯的作用无足轻重。

Chios(凯俄斯)——爱琴海一岛屿,靠近亚洲海岸,曾被居鲁士征服。凯俄斯加入与雅典为敌的伯罗奔尼撒同盟,但在公元前411年埃里特里亚战役后,再度被征服。

Cimon(西蒙、客蒙、西门)——米泰雅德之子。西蒙支付了父亲被处罚的罚金,因在公元前478年,与亚里斯泰迪斯一同指挥围攻拜占庭名声大噪。后来,西蒙帮助亚里斯泰迪斯组建提洛同盟。亚里斯泰迪斯死后,西蒙在政治上异军突起。西蒙支持雅典与斯巴达修好。西蒙的政策是让希腊摆脱波斯,他从波斯人手中解放了利西亚(Lycia)和潘菲利亚(Pamphylia)等希腊城市④,夺取了位于色雷斯海岸斯特里蒙(Strymon)河口的伊昂(Eion)⑤,并于公元前466年赢得了尤里麦顿河(Eurymedon)战役的胜利⑥。西蒙奉行亲斯巴达人政策,并说服雅典人派出军队,援助与美塞尼亚、拉科尼亚陷入纷争的斯巴达人⑦。这一计划遭到强烈反对,雅典军队遭受一系列波折之后,返回雅典,引发斯巴达人不满。这一切等于为伯利克里

---

① 学术界认为,"凯隆耐战役"发生在第四次神圣战争期间。

② 底比斯神圣军由男同性恋战士组成。组建者为戈尔吉达斯(Gorgidas),最初是城邦要塞的警卫部队。战斗力非常强,极少有战败记录,堪称精锐之师。

③ 凯隆耐战役被认为希腊历史上具有特殊重要意义的战役,以腓力二世的胜利而告终。史载,雅典超过1 000人在此役中阵亡,2 000人被俘。底比斯的伤亡人数与雅典大致相当,只不过底比斯人的神圣军300人在战役中悉数阵亡。此后,希腊诸邦再无阻止腓力二世扩张的军队。此役后不久,底比斯向腓力二世投降。

④ 潘菲利亚位于今天土耳其南部安塔利亚省境内。罗马帝国时期,潘菲利亚是罗马人在亚洲的一个行省。

⑤ 在这次战役中,西蒙首先赶走为波斯人提供粮食的色雷斯人,把波斯人围困在城内。波斯人走投无路,被迫自己放火烧毁了伊昂城,许多人葬身火海。雅典人专门为西蒙立碑,纪念这次胜利。

⑥ 这次战役的胜利堪称辉煌,在一天时间里,西蒙指挥军队同时在陆地、海上大败波斯军队,俘虏2万余人,掠获各种财富不计其数,也使波斯军队元气大伤,再也无力组织大规模的军事反攻。

⑦ 西蒙说服公民大会通过决议,出兵斯巴达——派出4 000重装步兵支援斯巴达,对于挽救斯巴达危局发挥了重要作用。

和反斯巴达派首领厄菲阿尔特(Ephialtes)提供了口实①。结果,公元前461年,西蒙遭受为期10年的陶片放逐。4年后,福基斯人(Phocians)与比奥提亚人之间爆发战争,斯巴达支持比奥提亚人。返回途中,斯巴达人穿过麦加拉时,遭遇雅典军队。西蒙试图以私人身份参战,但被拒绝。西蒙恳求同伴尽到自己的责任,证实他们不是变节者。公元前457年,塔纳格拉(Tanagra)战役中,雅典人败北。西蒙获得原谅,被雅典人召回②。公元前449年,西蒙在远征阿尔塔薛西斯时,死于西提乌姆(Citium,塞浦路斯)。

City-State(城邦)——原始的希腊城邦由一系列社区居民村落组成,每一个村落都构成了家族的集合体,紧密联系在一起。这些家族组合成一个大的团体,称之为胞族。胞族之上是部落,部落之上是城市或波利斯(Polis);城市或波利斯拥有一个公共的灶台祭坛,称之为公共炉灶,并保持这里供奉的圣火永不熄灭。

Clearchus(克利尔库斯)——支持小居鲁士反叛阿尔塔薛西斯的斯巴达军队指挥官。公元前401年,克利尔库斯在库纳克萨遭到失败,返回途中被杀③。

Clelsthenes(Clisthenes)(克利斯梯尼)——麦加克勒斯(Megacles)之子。公元前511年,在斯巴达人帮助下,克利斯梯尼推翻了僭主西庇亚斯在雅典的统治,成为雅典城邦民主派领袖。克利斯梯尼的对手伊萨格拉斯(Isagoras)向斯巴达王克里奥门尼斯求援,支持他的党派,驱逐克利斯梯尼。克里奥门尼斯占领雅典,伊萨格拉斯解散了元老院,以300寡头取而代之④。公元前508年,包括克利斯梯尼在内,大批民主派家族成员被流放。这一局面持续时间异常短暂,克利斯梯尼最终被召回,他的改革事业和先前一样得以进行。克利斯梯尼进行了重要的宪政改革。

---

① 厄菲阿尔特出身没落贵族家庭,雅典著名政治家,为雅典民主政治做出过重要贡献。厄菲阿尔特与伯利克里合作,对斯巴达采取敌对政策,因此,与西蒙的亲斯巴达政策截然对立,反对出兵支持斯巴达。在流放了西蒙之后,厄菲阿尔特推进民主改革,剥夺贵族特权,公民大会的权力得到加强,推进了民主制进程。由于厄菲阿尔特的改革过多触动了贵族利益,于公元前461年被暗杀,但伯利克里继续厄菲阿尔特政策,推进民主改革。亚里斯多德的《雅典政制》对此有记载。

② 由于战争形势所迫,雅典人感觉到了西蒙的重要。伯利克里亲自提议缩短西蒙的流放期。在被流放了5年后,西蒙返回雅典。

③ 确切地说,克利尔库斯曾是斯巴达将领,但在公元前403年已被斯巴达军队开除,克利尔库斯转而投靠波斯反叛王子小居鲁士。公元前401年,库纳克萨战役中,克利尔库斯指挥1.3万雇佣军打败了波斯军队。但小居鲁士战死,他的叛军群龙无首,反而向波斯军队投降。克利尔库斯则和其他若干希腊将领一道,被波斯总督设计杀死。

④ 伊萨格拉斯的举动属于倒行逆施,遭到了雅典人的强烈抵制,而克利斯梯尼的改革却得到了大多数人的拥护。伊萨格拉斯及其追随者先是退到雅典卫城,后来迫不得已交出了权力,克利斯梯尼被召回,重新执掌权柄,推进他的民主政治改革。

Cleitus（Clitus）(克里图斯)——曾是马其顿腓力二世麾下骑兵指挥官。格拉尼库斯河（Granicus）战役①中，对亚历山大有救命之恩。公元前329年，在一次宴会上，克里图斯因口无遮拦被亚历山大杀死②。

Cleombrotus(克莱翁布劳图斯)——斯巴达王。在同伊帕米农达斯领导的底比斯人进行的留克特拉（Leuctra）战役③中失利，死于公元前371年的一场冲突。

Cleomenes(克里奥门尼斯)——斯巴达国王。克里奥门尼斯帮助伊萨格拉斯驱逐了他的政敌克利斯梯尼。克里奥门尼斯联合比奥提亚人和卡尔齐迪亚人（Chalcidians）入侵阿提卡半岛，但他的盟友发现他图谋建立一个伊萨格拉斯为首的僭主统治后，离他而去。公元前508年，克里奥门尼斯撤回斯巴达。克里奥门尼斯打败了试图扩充霸权的阿果斯人，推翻了自己的同僚，即和屈服于波斯大流士的埃吉纳人（Aeginetans）站在一边的狄马拉图斯（Demaratus），并以利奥提基德（Leotychides）取而代之，然后征服了埃吉纳。克里奥门尼斯最终因阴谋败露而失势，逃往阿卡迪亚，在那里组织了反斯巴达联盟。斯巴达监察官害怕克里奥门尼斯卷土重来，将他召回。公元前490年，返回斯巴达几个月后，人们发现克里奥门尼斯已经死去④。

Cleon(克里昂)——古代雅典粗劣的政治家⑤，雅典民众对其嗤之以鼻，使其声名狼藉。克里昂不讲任何原则，完全为一己私利所左右。克里昂曾经控告伯利克里贪污，由此导致了一项恶劣决议的出台：授权对全体米提林人（Mitylenaeans）进行大屠杀，而米提林人的城市已经向雅典将军帕奇斯（Paches）投降。所幸的是，该项决议因遭到迪奥多图斯（Diodotus）的强烈反对——迪奥多图斯建议只处死米提林人中反叛的贵族——未付诸实践⑥。公元前425年，克里昂非常不情愿地同在皮洛斯（Pylos）和斯法克蒂利亚战胜斯巴达人的德莫斯梯尼前往斯巴达讲和。公元前422年，克里昂在安菲波利斯被杀。

Cleruchies(征服土地的分配制度)——分配被征服地区的土地。例如，雅典人于公元前508年占领尤俾亚的卡尔奇斯（Calchis）后，便把当地富有家族的地产分

---

① 格拉尼库河战役发生在公元前334年。
② 据载，克里图斯在宴会上，当着亚历山大的面颂扬腓力二世。亚历山大觉得自己被冒犯，拿起一支长矛，当场刺死了克里图斯。亚历山大的专横、专制由此可窥一斑。
③ 这次战役意义非同一般，底比斯人不仅战胜了强大的斯巴达，而且开启了古希腊历史上底比斯人统治希腊的一个历史时期。
④ 也有说法认为，克里奥门尼斯联合各种反斯巴达的力量，引起斯巴达人的震惊，以让他重新即位为条件，将其召回，召回后便将其投进监狱。
⑤ 克里昂是雅典的主战派，主张与斯巴达交战，通过武力解决与斯巴达的矛盾。
⑥ 尽管迪奥多图斯的主张被接受，米提林人躲过一场浩劫，但仍有逾千人遭杀戮。

给贫困的雅典公民。

Cnidus(克尼都斯、克尼多斯)——位于卡瑞亚海岸一城市,裴山德指挥的斯巴达舰队在此地驻扎。公元前394年科林斯战争中,科农指挥的雅典及其同盟的舰队,在波斯总督法纳巴祖斯(Pharnabazus)援助下,战胜斯巴达舰队①。

Conon(科农)——雅典将军。在米提林(Mytilene),科农遭斯巴达军队指挥官卡里克拉提达斯的围困,导致雅典获胜的阿吉努塞战役的爆发,科农则于公元前406年获释。公元前405年,阿哥斯波塔米战役中②,科农被吕山德击败后,携带8艘舰船逃走,投奔塞浦路斯的萨拉米国王埃纳格拉斯(Enagoras)。公元前394年,科农在克尼都斯战役中,战胜裴山德指挥的斯巴达军队。这时,个人拥有50艘舰船的波斯总督法纳巴祖斯把一部分舰船交给科农③。在法纳巴祖斯的水手和金钱的帮助下,科农重建了庇里尤斯(Piraeus)要塞和长城(公元前391年)。由于斯巴达人在波斯的阴谋活动,科农于公元前390年被投进监狱。

Corcyra(科尔库拉、科孚岛)④——远离埃庇鲁斯海岸的一座岛屿,与一个城镇同名。渴望摆脱科林斯人压迫获得自由的科尔库拉人(Corcyraeans),参加了同科林斯僭主塞普塞鲁斯(Cypselus)与佩里安德(Periander)父子指挥的战争。公元前435年,位于伊利里亚海岸的埃皮丹努斯(Epidamnus)城镇为内战所困扰,向科尔库拉人寻求帮助,但遭到拒绝。埃皮丹努斯转而派使者向科林斯求援,并得到了援助。这件事使科尔库拉与科林斯兵戎相见。结果,科尔库拉人在亚克兴(Actium)击败他们的对手,埃皮丹努斯战败投降。在科林斯号召同盟行动起来时,科尔库拉人则向雅典同盟求援,并得到了帮助。科尔库拉人组建一支舰队,却未主动参与提波塔(Tybota)战役,科尔库拉人在此次战役中败北。公元前427年,科尔库拉内部爆发了亲科林斯与敌视科林斯两派之间的冲突,且持续不断。公元前373年,斯巴达试图占领科尔库拉,但未能得逞。

---

① 雅典及其盟友打败斯巴达舰队的海战即著名的克尼都斯海战。斯巴达海军遭受重创,小亚诸邦则摆脱了斯巴达控制,重新获得"解放"。

② 阿哥斯波塔米战役——也称为羊河战役——是伯罗奔尼撒战争后期的重要战役之一。斯巴达人重新启用吕山德,吕山德则利用同波斯的关系,短时间内重建了斯巴达舰队,彻底打败了雅典舰队,长城被拆除。

③ 还有一种说法是,因波斯人缺乏熟悉海战的将领,便把一部分舰队交给了科农。

④ 英语为Corfu,Corcyra为科孚岛的拉丁语拼写。

Corinth(科林斯)——阿格利斯北部的希腊城市,坐落于科林斯湾和科林斯地峡①。希腊人所在地区召开会议(阿果斯与底比斯除外),采取共同行动抵抗薛西斯的入侵。为了进行伯罗奔尼撒战争,科林斯与斯巴达结盟。战争几经起伏,斯巴达与雅典达成和解。科林斯则在凯隆耐战役后,最终臣服于马其顿国王腓力二世。公元前338年,在腓力二世主持下,希腊诸邦在科林斯召开会议,会议的结果是希腊诸邦组成一个置于马其顿统治之下的大的联合体,希腊从此失去独立。

Corinthian War(科林斯战争)——科林斯战争由阿尔塔薛西斯使者引起。阿尔塔薛西斯为了征服斯巴达,联合了希腊主要国家,组成了反拉西第孟(Lacedemon)同盟(参阅"克尼都斯")。此次战争以公元前381年《安塔尔西达斯和约》的签订告终。

Coronea(克罗尼亚)——比奥提亚克派斯湖(Lake Copais)附近的一座城市。公元前447年,托尔米德斯(Tolmides)指挥的雅典军队被比奥提亚军队在克罗尼亚打败。公元前394年,同是在克罗尼亚,斯巴达军队在阿格斯劳斯②指挥下,打败底比斯及其同盟者。

Crimisus(克里米苏斯河)——西西里南部一条河流。泰摩利昂(Timoleon),一个从叙拉古僭主狄奥尼修斯二世(Dyonisius)③统治下获得解放的科林斯人,于公元前340年,在克里米苏斯河畔打败迦太基人。

Critias(克里提亚斯)——克里提亚斯为苏格拉底的门徒,雅典三十僭主之一。公元前403年,克里提亚斯死于同特拉斯布鲁斯之间的国内冲突④(参阅"三十僭主")。

---

① 科林斯海上贸易非常发达。公元前7世纪时,科林斯是希腊最富裕的商业城邦,不仅有发达的农业,也有非常发达的商业。科林斯造船业、航海业出众,几乎垄断了希腊对西方的贸易,并在海外建立了许多殖民地。公元前196年时,罗马人打败马其顿,科林斯宣布"独立"。公元前146年,罗马人攻陷科林斯,科林斯以及希腊独立发展历史就此结束。公元前46年,恺撒重建科林斯,使之成为亚该亚行省中心。

② 见本书"阿格斯劳斯"条。

③ 狄奥尼修斯即狄奥尼修斯二世,著名的"达摩克利斯之剑"(The Sword of Damocles)故事的主人公,他在位期间,古希腊著名哲学家柏拉图几次访问叙拉古。

④ 伯罗奔尼撒战争结束后,克里提亚斯成为三十僭主之首(得到了斯巴达的保护),曾屠杀了数以千计的雅典民主派——死亡人数甚至比伯罗奔尼撒战争后期战场死于斯巴达军队之手的人数还多。特拉斯布鲁斯则是伯罗奔尼撒战争后期,复兴雅典民主制度的重要人物。克里提亚斯也是作家,著作有残篇传世。在政治上,克里提亚斯坚持独裁统治。

Croesus（克罗苏斯）——吕底亚国王①，败在居鲁士大帝手下。公元前546年，在围困吕底亚首都萨迪斯战役中，克罗苏斯沦为阶下囚。据说，克罗苏斯被处以火刑。

Crypteia（"库普提亚"制度、秘密服役、秘密巡行）——斯巴达人对被统治者希洛人执行所谓"特殊任务"的、带有侦探性质的军事行动②。

Cunaxa（库纳克萨）——巴比伦附近幼发拉底河左岸一座城市。公元前401年，在库纳克萨战役中，阿尔塔薛西斯打败小居鲁士，并将其杀死③。

Cyaxares（基亚克赛莱斯）——尼尼微覆亡后，米底帝国的建立者④。

Cylon（基伦）——基伦密谋成为雅典的僭主，夺取了卫城，但失败后逃走。公元前612年，依据执政官麦加克勒斯（Megacles）的命令，基伦的追随者被判处死刑⑤。

Cypselus（塞普塞鲁斯）——古希腊七贤之一佩里安德之父，科林斯僭主（公元前655年至公元前625年）⑥。

Cyprus（塞浦路斯）——地中海上一座较大的岛屿，位于叙利亚与小亚之间。

---

① 克罗苏斯为传说中的古代世界富翁，也是吕底亚末代国王。吕底亚与波斯帝国之间战争的起因，是由于克罗苏斯担心波斯帝国的强大，主动出兵进攻波斯。但最终却被居鲁士大帝统治的波斯帝国摧毁。

② 斯巴达每年在特定的日子里，都要组织一次对被统治者希洛人的搜捕、杀戮行动，目标是室外活动的任何希洛人，以检验受教育者的军事技能等。这一非公开的军事行动被人称为"库普提亚"制度，一种常态化的制度。参加者为接受多年教育的、年满18岁的男性青年。对希洛人冷酷无情是斯巴达对青少年教育的重要内容之一。

③ 库纳克萨之役是波斯帝国两个王子的王位争夺战。大流士死后，其子吕底亚总督及驻小亚细亚波斯军队司令小居鲁士，决定用武力剥夺兄弟阿尔塔薛西斯的继承权。公元前401年，双方在帝国都城西北库纳克萨展开决战，阿尔塔薛西斯获得胜利。

④ 尼尼微位于底格里斯河上游东岸今伊拉克摩苏尔附近，意为"上帝面前最伟大的城市"。早在公元前2500年左右，尼尼微即已形成规模，是当时世界上最繁华的都市之一。作为新亚述帝国都城和文化中心，尼尼微还曾是古代亚述帝国重镇之一。此处有误，基亚克萨莱斯并非米底王国建造者，而是该王国第四代君主。在他当政期间，米底王国最为全盛，疆域达到最大化。

⑤ 基伦出身于雅典贵族家庭，生卒年不详。他的名字和基伦暴动——雅典历史上一次颇有影响的政变——联系在一起。基伦在雅典有较高声望，史载，他曾在奥林匹克竞技会上赢得锦标。公元前631年，基伦在统治欲望驱使下，勾结部分党羽，利用当时雅典平民与贵族之间的尖锐矛盾，经过充分准备后，在雅典发动政变，目的是使自己成为雅典的僭主。在占领卫城后，雅典形势发生剧变，平民与贵族联合反对他，并将他与政变者包围在卫城内。孤立无援的基伦逃走，下落不明。基伦政变到此结束。

⑥ 有人认为，塞普塞鲁斯是古希腊历史上最早的僭主。

塞浦路斯最初归属腓尼基,后受埃及人管辖,随后被冈比西斯二世征服。塞浦路斯居民参加了科林斯僭主阿里斯塔格拉斯领导的爱奥尼亚人针对波斯统治的反抗行动。大约公元前477年,依靠鲍桑尼亚斯指挥的伯罗奔尼撒联合舰队,摆脱了波斯人的统治。

　　Cyrus the Great (549–529 B. C.)(居鲁士大帝,公元前549年至公元前529年在位)——波斯湾北部埃兰(Elam)国王①。征服米底之后,设苏撒为王国首都。接下来,居鲁士大帝战败吕底亚国王克罗苏斯。据说,公元前546年,居鲁士大帝将克罗苏斯火刑处死。公元前538年,居鲁士大帝占领巴比伦。在远征定居在西伯利亚南部的一个部落——马萨格泰人(Massagetae)②行动中,居鲁士大帝战败身亡。他死后,他的儿子冈比西斯二世继承了王位。

　　Cyrus (the younger)(小居鲁士)——阿尔塔薛西斯二世之兄。小居鲁士举兵反叛阿尔塔薛西斯二世,并设法得到斯巴达的援助,进军巴比伦。在库纳克萨,小居鲁士与阿尔塔薛西斯相遇,小居鲁士战败被杀(公元前410年)。这场灾难跟踪而至的是,雅典将军、著名历史学家色诺芬率领的万人大撤退。

　　Cyzicus(基齐库斯、塞西卡斯)——位于普罗庞梯斯(Propontis,即马尔马拉海)美西亚(Mysia)的一座城镇③。公元前410年,阿尔西比亚德斯率领雅典军队在此地大败闵达鲁斯率领的伯罗奔尼撒舰队④。

---

　　① 居鲁士大帝被认为是波斯帝国缔造者,波斯帝国阿黑门尼德王朝之第一位国王。他在位期间,军事征伐是主要内容。他先后征服了三个帝国——米底、吕底亚和巴比伦,建立了一个地域广袤的大帝国:从爱琴海到印度河,从尼罗河至高加索。居鲁士大帝自己宣称是"世界之王,万王之王"。

　　② 马萨格泰人是居住在里海北岸的游牧民族,由女王托米利斯统治。虽然居鲁士大帝未能征服该民族,但他的儿子冈比西斯二世继位后,继续了父王的事业,征服了该民族。

　　③ 美西亚为小亚地区一古国。在罗马帝国统治时代,美西亚是一个幅员辽阔的行省,东邻黑海,南接色雷斯、马其顿,西与伊利比亚交界,北与达契亚以多瑙河为界,被分为上、下美西亚。

　　④ 基齐库斯战役是伯罗奔尼撒战争后期重要战役之一。基齐库斯战役中,雅典人以微小的代价消灭了斯巴达人的全部舰队,主帅闵达鲁斯阵亡。战后,遭受重创的斯巴达向雅典提出了和平建议,但被雅典人拒绝。

Damocles(达摩克利斯)——叙拉古狄奥尼修斯二世的廷臣,著名的"达摩克利斯之剑"故事主人公之一便是达摩克利斯①。

Darius Ⅰ.(大流士一世)——波斯君主(公元前521年至公元前486年在位),西斯塔斯皮斯(Hystaspes)之子。冈比西斯二世死后,夺得王位②。大流士一世把波斯帝国划分为20个行省,并把边界扩展到印度。接下来,大流士一世把注意力转向了西方,得到了萨摩斯岛(Samos),越过博斯普鲁斯海峡,发动了对西徐亚人(Scythians)的战争,迫使小亚沿岸的希腊城市对他效忠。大流士一世与米利都僭主西斯提亚埃乌斯(Histiaeus)交好,并迫使西斯提亚埃乌斯居住在波斯帝都苏撒③。大流士一世麾下将领麦加巴祖斯(Megabazus)完成了对色雷斯的征服,并确保马其顿臣服。米利都统治者阿里斯塔格拉斯说服大流士,发动对纳克索斯岛(参阅"阿尔塔费尼斯")的军事行动。大流士一世的伟大目标是消灭雅典和雅典人政权,但在发动第三次希腊战争时死去,其子薛西斯成为王位继承人。

Darius Ⅱ.(大流士二世)——阿尔塔薛西斯一世之子,波斯国王,公元前425年至公元前404年在位④。

Darius Ⅲ.(大流士三世)——大流士三世为波斯帝国末代君主(公元前336年至公元前330年在位),被亚历山大大帝推翻后,死于贝苏斯⑤(参阅"亚历山大")。

---

① 这个故事的大意是,达摩克利斯对狄奥尼修斯一世百般奉承,狄奥尼修斯一世建议同达摩克利斯交换一天身份,让达摩克利斯坐一天王座。晚宴上,达摩克利斯享受到了国王的各种尊贵。在晚宴即将结束时,达摩克利斯突然发现头顶上一柄利剑仅悬挂在一根马鬃上,随时都有掉下的危险。达摩克利斯看后,六神无主,只请求国王放他。故事寓意较为深刻,其中之一是危险无处不在,即使拥有强大的权力,也有随时被人夺走的危险。

② 公元前522年,大流士跟随冈比西斯二世远征埃及期间,国内发生政变,冈比西斯二世回国途中暴毙。大流士借机联合部分贵族,杀死政变首领墨高达,登上王位。登基后,大流士先后镇压了巴比伦、埃兰、米底等地的起义与反叛,先后铲除了几大割据势力,使波斯帝国避免了分裂危机。稳固自己的统治后,大流士一世在帝国各地巡幸,行至一个名曰贝希斯敦的小村庄时,让人用波斯、埃兰、巴比伦三种文字刻下了著名的《贝希斯敦铭文》,记载了他"19战,俘9王"的战绩。大流士一世自称"王中之王,诸国之王"。大流士一世政绩堪称辉煌,他所推行的各项改革,涉及政治、经济、军事、行政、宗教等多方面,加强了大流士一世的统治。大流士一世统治下的波斯帝国地域横跨欧亚非三大洲,是当时世界上最强大的帝国。

③ 除苏撒之外,大流士一世还建设了波斯帝国的第二个都城波斯波利斯。

④ 大流士二世曾任希尔尼卡亚总督,后夺取同父异母兄弟的王位登基。

⑤ 大流士三世生于大约公元前380年,其父为阿尔塔薛西斯之弟。大流士三世登基之时,波斯帝国已江河日下,辉煌不再。大流士三世登基后,短时间内组织了一支强大的军队,荡平埃及,在内政外交等方面展示出帝国中兴君主的魄力。然而,伴随马其顿帝国和亚历山大大帝的崛起,大流士三世的中兴之道很快终结。高加米拉之战后不久,大流士三世死去,亚历山大大帝征服巴比伦,波斯帝国灭亡。

Datis(达提斯)——米底人,波斯贵族①,曾与阿尔塔费尼斯共同指挥波斯军队,但在马拉松战役中败北。

Decarchies(十人委员会)——斯巴达强加给那些摆脱雅典诸城邦的寡头政府。

Decelean War(迪西利亚战争)——发生于伯罗奔尼撒战争第三阶段的一场战争,得名于阿提卡一处要塞迪西利亚镇。在同雅典进行的这第三阶段战争中,斯巴达人曾占领了迪西利亚。

Delium(代立昂)——位于比奥提亚和阿提卡边界附近比奥提亚岸边一城市。在希波克拉底(Hippocrates)的指挥下,雅典人夺取了代立昂,在这里修筑堡垒,而且要塞建筑过程中利用了阿波罗神庙的围墙。公元前424年,比奥提亚人重新武装起来,向雅典人亵渎神灵的行为复仇。雅典人战败,将领被杀。

Delos, Confederacy of(提洛同盟)——由雅典人、伊奥尼亚人、爱奥尼亚和卡尔齐迪亚人组建,主要针对波斯的带有进攻和防御性质的同盟②。所筹集资金保存在提洛岛。亚里斯泰迪斯是该同盟的出资人之一(参阅"亚里斯泰迪斯")。尤里麦顿战役和西蒙几次获得胜利后,波斯在希腊的统治权终结,同盟的目的已经达到,似乎没有存在的理由。纳克索斯第一个准备退出同盟。雅典反对纳克索斯退盟,出兵封锁了纳克索斯的港口,夺取了纳克索斯的舰队。接下来是塔索斯(Thasos)起义,并在起义初期数次战胜雅典人。公元前463年,起义最后被西蒙镇压下去。此后,同盟的资金保存在雅典卫城。

Delphi(modern Castri)〔特尔斐(今天的卡斯特里)〕——福基斯一城市,位于帕纳苏斯山(Parnassus)西南坡,著名的阿波罗神庙即坐落于此③。特尔斐神谕在古希腊人的政治和社会生活中扮演着重要角色。

---

① Datis 亦写作 Datus。曾在居鲁士大帝麾下服役。

② 提洛同盟组建的最初宗旨是抵抗波斯入侵。初期加入同盟的城邦以小亚、爱琴海诸岛城邦为主,后来入盟城邦数量增加到200个左右。同盟会议决定,按城邦实力出一定数量的舰船、兵员等。后来,同盟逐渐成为雅典压迫盟邦的工具,故此,某些著述中将提洛同盟称为"雅典帝国"。一些盟邦不堪忍受雅典压迫,相继退出。公元前404年,雅典在伯罗奔尼撒战争中战败,同盟被迫解散。

③ 在古希腊人心目中,特尔斐占据非常重要的位置。特尔斐神庙是一个综合建筑群,其中核心部分是阿波罗神庙。古希腊人认为,特尔斐是世界的中心,是人类距离神明最近的地方。希腊神话传说中记载了这样一个故事:宙斯在相反的两个方向释放了两只鹰,结果两只鹰最后在特尔斐相遇,此处便象征着地球的中心。阿波罗神庙坐落于特尔斐,古代希腊人在阿波罗神庙寻求生活、事件发展的建议,此即著名的特尔斐神谕。特尔斐的阿波罗神庙还刻有许多哲理深奥的警句,"认识你自己"则为其中之一。

Demaratus(狄马拉图斯)——与克里奥门尼斯一同出任斯巴达国王①,公元前510年至公元前491年在位。两个国王始终不睦,不择手段的克里奥门尼斯通过贿赂神谕解说,最终将狄马拉图斯赶下王位。狄马拉图斯逃往大流士一世宫廷,大流士一世死后追随薛西斯。公元前480年,狄马拉图斯以东道主身份,与波斯人一道参加了温泉关战役。

1. Demosthenes(德莫斯梯尼)——雅典将军。为了迫使埃托利亚人加入雅典同盟,德莫斯梯尼指挥军队同埃托利亚人进行战争,但未获成功。公元前426年,在阿卡纳尼亚的阿布拉西亚战胜伯罗奔尼撒军队。德莫斯梯尼和同僚尤里麦顿指挥执行远征西西里的军事行动。遭遇风暴后,远征军在美塞尼亚的皮洛斯避难,并增加了实力。尤里麦顿前往西西里,留下德莫斯梯尼控制皮洛斯。布拉斯达斯指挥的斯巴达舰队未能驱逐德莫斯梯尼为首的雅典人,于是斯巴达人便袭击了皮洛斯南部一岛屿——斯法科特利亚岛(Sphacteria),但尤里麦顿率援军赶到,雅典人获胜。公元前425年,斯巴达人被围困在斯法科特利亚。远征西西里时,德莫斯梯尼被派往增援同叙拉古人和科林斯人格里普斯(Grylippus)交战的尼西亚斯。德莫斯梯尼虽然在战场上初尝胜果,但厄运却很快降临,遭遇失败。尼西亚斯试图再坚持一段时间,但德莫斯梯尼与尤里麦顿狼狈不堪地溃退。公元前413年,德莫斯梯尼与尤里麦顿双双被叙拉古人抓获,亦被双双处死。、

2. Demosthenes(385 – 322 B. C.)〔德莫斯梯尼(公元前385年至公元前322年)〕②——雅典著名演说家。德莫斯梯尼鼓动对马其顿腓力二世进行战争,在一系列演说中充满了对马其顿的指责(即著名的《斥腓力二世》或《反腓力演说》)。德氏还劝说底比斯不要让腓力二世通过比奥提亚,应拿起武器同马其顿人作战。德莫斯梯尼还徒劳地反对亚历山大及其留守希腊的部将安提帕特(参阅"拉米亚战争")。

Dicasteries(迪卡斯特里法院、迪卡斯特里法庭、民众法庭)——陪审法庭是古代雅典最高司法机关和检察机关,但并不具体审理案件,案件交由迪卡斯特里法院审理③(参阅"雅典陪审法庭")。

---

① 狄马拉图斯为斯巴达一位声望极高的国王阿里斯通(Ariston)之子,曾在奥林匹亚竞技会上获得冠军。遭受克里奥门尼斯排挤,出逃波斯宫廷后,狄马拉图斯受到了波斯宫廷的热情款待,并将几座城市交由他管辖。

② 德莫斯梯尼是雅典民主派政治家,不遗余力地反对马其顿入侵希腊。德莫斯梯尼在希腊积极组织反马其顿运动,但这些运动无果而终,德莫斯梯尼在这些运动失败后,自杀身亡。

③ 迪卡斯特里法院(民众法庭)的职责是接受公民就执政官的判决所提出的上诉。该法庭是日常司法机关。

Diodotus(迪奥多图斯)——尤克拉底斯(Eucrates)之子,雅典激进派领袖(参阅"克里昂")。

Diogenes(414 – 323 B. C.)(第欧根尼、第奥根尼,公元前414年至公元前323年)——希腊化时代犬儒哲学家的灵魂人物①。据说,第欧根尼生活在一个木桶里。

Dion(狄昂)——叙拉古僭主。狄昂推翻了狄奥尼修斯二世,他本人则于公元前353年被雅典人卡利普斯(Callippus)杀死。叙拉古人原以为狄昂会给他们带来一个民主制政府,但却被狄昂所愚弄②。

DionysiusⅠ.(431 – 367 B. C.)(狄奥尼修斯一世,公元前431年至公元前367年)——叙拉古僭主③。狄奥尼修斯一世出身低微,于公元前406年成为僭主。狄奥尼修斯一世对迦太基战争获得成功。

DionysiusⅡ.(狄奥尼修斯二世)——狄奥尼修斯一世之子和继承人。公元前357年,被内弟狄昂推翻,逃到叙拉古海港的一个名曰奥尔提吉亚(Ortygia)的小岛上。公元前346年,狄奥尼修斯二世④重新获得王位,但不得不向科林斯的泰摩利昂(Timoleon)投降。狄奥尼修斯退位后到达科林斯,悄无声息地死去。

Doriscus(多里斯库斯)——色雷斯沿岸的一块平原,薛西斯入侵希腊之前,曾在此处检阅他的军队⑤。

Draco(德拉古)——雅典执政官。德拉古制定的法律异常严酷,以至于人称他

---

① 第欧根尼详细诞生年份不可考证,其生平细节也无法详知。关于第欧根尼,留下的多半是轶事、趣闻和传说。据考证,第欧根尼出生在一个银行家家庭,出生地为西诺普斯(Sinopeus)。第欧根尼对哲学的见解与同时代的亚里斯多德截然不同,是"犬儒学派"知名人物。第欧根尼宣扬的是一种简单化的生活,主张放弃生活中的各种欲望追求,通过最简单的生活满足最基本的身体需求,甚至主张放弃财产、家庭关系等。

② 狄昂公元前357年至公元前347年在位,狄奥尼修斯一世妻子的哥哥。据说,柏拉图在访问叙拉古时,和僭主狄奥尼修斯一世大谈僭主、专制的弊端,触怒了狄奥尼修斯一世。狄奥尼修斯下令处死柏拉图。关键时刻,狄昂出面求情,才使得柏拉图免于一死。

③ 亦称老狄奥尼修斯。公元前415年至公元前413年,雅典进攻叙拉古,惨败而归。狄奥尼修斯利用同迦太基作战的进展局面,在叙拉古建立僭主政治,在位时间长达40年。

④ 与父王锹尼修一世不同,狄奥尼修斯二世成为柏拉图的学生,向柏拉图学习治国之道。

⑤ 史载,公元前480年冬天,薛西斯指挥入侵希腊的舰队在多里斯库斯会合。薛西斯在这里检阅他的舰队。

的法律是用血写成的。此外,德拉古还组建了一个由401人组成的议事会①。

Drepana(德莱帕纳)——西西里西部海岸的一座城市。该城市和利里贝乌姆(Lilybaeum)②曾遭到叙拉古僭主狄奥尼修斯的围攻,但城池未被攻陷。

---

① 德拉古生卒年不详,因"德拉古立法"而闻名。普鲁塔克《希腊罗马名人传》称其为立法者。公元前620年,德拉古整理了雅典的法律,并编纂了雅典历史上第一部成文法。《希腊罗马名人传》记载,该部法律过于严苛,惩罚过重,几乎所有的犯罪都要判处死刑,甚至游手好闲也可以判处死刑。梭伦改革后,除保留杀人罪处罚之外,其余条款全部废除。德拉古立法将雅典旧有的习惯法变成了成文法,对限制贵族的专横有一定的作用。但该法律远未满足平民的要求,反而成为压榨平民的工具,平民与贵族之间的矛盾进一步激化。

② 罗马史上,第二次布匿战争期间,罗马人和迦太基人曾在利里贝乌姆进行了第一次海上交锋。

Ecbatana(埃克巴坦纳)——古代米底王国首都,后成为波斯帝国都城。位于今天伊朗拉马丹境内(参阅"亚历山大大帝")。

Ecclesia(雅典公民大会)——雅典公民参加的会议,出于政治目的定期举行,每年不得少于10次,但在特殊情况下,可以破例召开会议。公民大会讨论决定战争、和平、结盟等问题。

Egesta(埃格斯塔)——西西里西部海岸一座城市。由于卷入同得到叙拉古支持的相邻城市塞利努斯(Selinus)的争端,埃格斯塔人(Egestaeans)向雅典求助。经过长时间的迟疑和准备,雅典人答应了埃格斯塔的请求(参阅"阿尔西比亚德斯""尼西亚斯""西西里战争"等)。在叙拉古人之前和雅典舰队遭毁灭之后,埃格斯塔人得到了哈米尔卡(Hamilcar)之孙汉尼拔(Hannibal)领导的迦太基人的援助,突然袭击塞利努斯,并于公元前409年占领了这座城市。

Eion(伊昂)——公元前476年,希腊联军在西蒙指挥下,围攻斯特里蒙(Strymon)河上的伊昂,消灭了波斯守军(参阅"西蒙")。

Eleusinia(埃琉西尼亚节)——埃琉西尼亚节日或庆祝埃琉西尼亚神祇的节日,是古代希腊人最重要的宗教节日之一,每五年在阿提卡的埃琉西斯(Eleusis)举行一次。据说,由于阿尔西比亚德斯亵渎了埃琉西尼亚神祇,使得雅典人在伯罗奔尼撒战争中遭厄运。

Enomotarch(小队长)——斯巴达军队中的下级军官,指挥25人。

Epaminondas(伊帕米农达斯)——底比斯名将,佩罗匹达斯挚友[1]。伊帕米农达斯生活贫困,长于思索,一直准备履行自己的义务,从不让私利左右自己的言行。底比斯和斯巴达卷入战争。公元前371年,克莱翁布劳图斯(Cleombrotus)和斯巴达人入侵比奥提亚,在留克特拉第一次与底比斯交手。伊帕米农达斯和底比斯人获胜。这样一条消息传遍了全希腊:伊帕米农达斯入侵伯罗奔尼撒,袭击亚该亚人,穿过拉科尼亚平原,直抵斯巴达人的家门口,与阿格斯劳斯交战,但无果而终。伊帕米农达斯发现,伊托美山斜坡的美塞尼亚人进入帖萨利,进攻费莱的亚历山大,解救通过亚历山大地盘时遭囚禁的佩罗匹达斯。公元前362年,第二次入侵伯罗奔尼撒时,由于变节的逃亡者提前把信息告知斯巴达国王阿格斯劳斯,斯巴达方得以保全。伊帕米农达斯赢得了同斯巴达人和曼提尼亚人的战争,但他本人却殉命疆场(公元前362年)[2]。

---

[1] 两人被称为底比斯的双璧。两人同掌政权,使底比斯一度称霸希腊。

[2] 伊帕米农达斯以劣势兵力,三度进攻斯巴达,使斯巴达为首的伯罗奔尼撒同盟陷于瓦解境地。史载,伊帕米农达斯在同斯巴达交战时使用的"斜切战斗队形"为古代军事技术的创新,战争屡屡奏效,颇有影响。

Ephesus(以弗所)——小亚一城市①,位于地中海沿岸,士麦纳(Smyrna)东南,曾是爱奥尼亚人的殖民地。这里曾坐落着希腊神话中月亮和狩猎女神阿尔特米斯(Artemis)的美丽神庙②。公元前356年,亚历山大大帝诞生之夜,该神庙一部分遭赫洛斯特拉图斯(Herostratus)焚毁③。神庙部分重建后遭到罗马皇帝尼禄和哥特人的劫掠,最后依君士坦丁大帝之命,该神庙被夷为平地。

Ephialtes(埃菲阿尔提斯)——温泉关战役中斯巴达变节者④。

Ephors(斯巴达监察官)——斯巴达的5名高级官吏⑤,第一次美塞尼亚战争期间设置。监察官的实际权力在国王和长老议事会(元老院)之上,战时监察官可代替国王行使权力。

Epidamnus(埃皮丹努斯)——科林斯殖民地之一(参阅"科尔库拉")。

Eponymus(首席执政)——雅典九名执政官中,排名第一位执政官之称谓。

Erectheum(艾瑞克提乌姆神庙)——神庙位于雅典,里面供奉着雅典娜女神木制雕像,以及一条象征女神神灵的活蛇。

Eretria(埃里特里亚)——尤俾亚一座沿海城市。因尤俾亚人参加了阿里斯塔格拉斯领导的反抗波斯人的起义,大流士对该城市非常怨恨。公元前490年,大流士率军围困并占领该城市后,将该城市化为灰烬,城市居民沦为奴隶。公元前411年,还是在这里,阿吉桑德里达斯(Agesandridas)指挥斯巴达舰队击败雅典舰队,雅典由此失去了尤俾亚。

---

① 公元前10世纪,希腊人便在以弗所建立了殖民地,后成为罗马亚细亚行省首府,以及罗马行省总督所在地。罗马人统治时代,以弗所迎来了辉煌时期,很长时间内,以弗所是仅次于罗马城的第二大都市。此外,这里还是著名的早期基督教城市,还有"土耳其的庞贝"之美称。

② 以弗所的阿尔特米斯神庙曾名扬天下,被誉为世界古代七大奇观之一。该神庙于公元前550年建成,建造发起者为吕底亚国王克罗苏斯,后由波斯人完工,历时120年。阿尔特米斯在当时的小亚极为著名,因该女神是众生之母,故许多崇拜者为了"求子",到阿尔特米斯神庙拜祭。

③ 烧毁阿尔特米斯神庙的纵火者是一个希腊的年轻人。此人为了成为"名人",放火烧毁了这座壮观、辉煌的神庙。

④ 薛西斯指挥波斯军队在温泉关遭遇斯巴达将士的顽强抵抗(传说中的勇敢的300斯巴达壮士),死伤惨重。最后,由于埃菲阿尔提斯变节,带领波斯从小路绕道斯巴达守军背后,攻克了温泉关。

⑤ 斯巴达的国家机构主要由"双王"(出自两个家族的两个国王)、长老会议(元老院)、公民大会和监察官构成。监察官由公民大会从年逾6旬的贵族中选举产生。最初,监察官的主要职能是监督斯巴达公民乃至国王、贵族的言行,但在公元前7世纪之后,监察官的权力逐步加大,国家权力逐步转移到监察官手中。监察官可以代表国王主持长老议事会、公民大会,甚至有权罢黜国王。

Euboea(尤俾亚)——位于比奥提亚和阿提卡沿海一座大岛屿①。公元前446年,尤俾亚叛离雅典,但却被伯利克里征服。伯罗奔尼撒战争期间,伯罗奔尼撒同盟舰队袭击尤俾亚,摧毁了雅典一支舰队。所有的尤俾亚城市都举兵反抗雅典,雅典于公元前411年失去了尤俾亚岛。

Eupatrids(杰出的父辈)②——雅典人中的显贵。

Euripides(欧里庇得斯)——希腊著名悲剧诗人,公元前480年生于萨拉米,故于公元前406年③。

Eurotas(尤罗塔斯河)——一条贯穿斯巴达的拉科尼亚河流④。

Eurybiades(尤里比亚德斯)——萨拉米和尤俾亚战役中,斯巴达联合舰队指挥官⑤(参阅"迪米斯托克里斯")。

1. Eurymedon(尤里麦顿河)——潘菲利亚境内一条河流。公元前466年,西蒙指挥雅典人在这里赢得对波斯人的海战与陆战的胜利⑥。

2. Eurymedon(尤里麦顿)——雅典将领。公元前425年,在德莫斯梯尼控制皮洛斯时,曾和索福克利斯(Sophocles)一同率兵远征西西里,并回师帮助德莫斯梯尼赢得了斯法科特利亚岛战役的胜利。尤里麦顿被判赔付西西里远征失败的罚金,并于公元前413年被杀死在叙拉古。

---

① 为希腊第二大岛屿。第一大岛屿为克里特岛。

② Eupatrids 的书面意义是"好父亲""优秀的父辈",引申为"地位显赫的父亲""出身高贵"等,主要用来指古代阿提卡半岛雅典地区占据统治的贵族家族。

③ 欧里庇得斯为古代希腊三大悲剧作家之一,不仅是诗人,也是作家、哲学家。欧里庇得斯一生创作过90余部作品,流传至今为18部,其中大部分为伯罗奔尼撒战争期间完成。他的悲剧直面当时雅典社会现实,批判和揭露社会弊端,批判雅典进行的非正义战争,也因此得不到当权者的谅解,晚年客死马其顿。

④ 拉科尼亚的耕地主要集中在尤罗塔斯河谷。

⑤ 尤里比亚德斯为斯巴达贵族。薛西斯一世入侵希腊时,雅典人放弃自己的城邦,举国撤退至萨拉米岛,空城雅典被波斯人侵者焚毁。担任希腊联合舰队指挥官(也是希腊联军统帅),准备放弃海战,退守陆地。雅典将领迪米斯托克里斯坚决反对,说服众人与波斯人决一死战,并最终取得了萨拉米海战的胜利,彻底扭转了战局。

⑥ 尤里麦顿河战役胜利的意义在于,地中海东部的波斯人势力被彻底清除。

Five Hundred（五百人会议）——克利斯梯尼创建的公民大会，由500人组成（参阅"立法会议"）。

Four Hundred（四百寡头）——公元前413年，尼西亚斯和德莫斯梯尼领导的远征叙拉古行动失败后，雅典国内纷争再起。此次纷争缘起于阿尔西比亚德斯。阿尔西比亚德斯希望返回雅典，重掌政治权力。阿尔西比亚德斯派代表前往萨摩斯和雅典，希望得到提沙费尔尼斯的帮助，得到同伯罗奔尼撒同盟作战的资金，准备推翻雅典的民主制，建立寡头统治。以这样的允诺，尽管萨摩斯的起义被镇压下去，但阿尔西比亚德斯还是赢得了军队的支持。在雅典，裴山德成功建立了一个由400人组成的政府，阿尔西比亚德斯被从流放地召回。400人组成的政府管理国家招致雅典人的怀疑，失去尤俾亚导致这个政府迅速垮台。

Four Hundred and One（四百零一人议事会）——德拉古组建的议事会，成员通过抽签在公民中产生，梭伦当政后，对该议事会进行了改革（参阅"战神山会议""立法会议"）。

Gauls(高卢人)——公元前279年,高卢人越过巴尔干半岛,入侵希腊,强行通过温泉关,试图劫掠特尔斐神庙,但未能得逞,很快被逐出阿提卡半岛。

Gaza(加沙)——巴勒斯坦境内一座城市,该城市统治者巴提斯曾拒绝效忠亚历山大大帝(参阅"巴提斯")。

Gelo(盖罗)——公元前484年叙拉古僭主。盖罗于公元前490年,在希梅拉(Himera)附近打败迦太基人①,同迦太基人缔结和约的条件之一是,迦太基人应当放弃使用活人做牺牲。为了从叙拉古获得军队,以便阻止薛西斯的入侵,斯巴达和雅典的使节会见了盖罗。但使节们空手而归,因为盖罗提出的条件同样不能为希腊人接受。

Gerontes(斯巴达长老)——斯巴达长老议事会成员。

Gerousia(斯巴达长老议事会)——斯巴达长老议事会为莱库古创建,由来自30个显贵氏族的长老组成②。国王理所当然是理事会成员,其他成员由全体公民参加的公民大会选举产生,且终身任职,主要职责是帮助国王处理公共事务。

Gordium(戈尔狄乌姆)——弗里吉亚(Phrygia)旧首府③,著名的"戈尔迪之结"故事发生地。在这里,帕梅尼奥(Parmenio)与亚历山大大帝会合之后,亚历山大大帝率领主力部队穿过小亚继续东进。

Granicus(格拉尼库斯河)——格拉尼库斯河为距离普罗庞梯斯10英里的一条河流④,靠近特来利亚(Teleia)。公元前334年,亚历山大大帝在这里打败了大流士三世⑤。

---

① 希梅拉是坐落于意大利西西里的古代重要的希腊城市。

② 长老议事会成员必须年满60岁,一般条件是具有丰富的行政经验,家境富裕,道德水准较高等。议事会成员往往是氏族首领,会议所讨论的内容为军国大事、宗教事务等,国王是议事会主席。长老议事会在斯巴达有较高的社会地位,也拥有非常大的权力,如负责起草各项法规、为公民大会准备议案、主持刑事审判等。能在长老议事会任职是斯巴达人的较高荣誉。

③ 弗里吉亚王国于公元前8世纪由弗里吉亚人建立。大约在公元前600年,弗里吉亚被邻国吕底亚兼并,又先后成为波斯帝国、帕加马和罗马帝国的一部分。

④ 马尔马拉海的古称。

⑤ 此次战役即著名的格拉尼库斯河之役,也是亚历山大大帝与波斯帝国三大决定性战役中的第一场战斗。战场在小亚细亚西北方的格拉尼库斯河,靠近特洛伊。在这里,亚历山大击败各波斯小亚细亚的总督,包括一支希腊雇佣军。战斗中,亚历山大身先士卒,率领亲兵猛烈突入敌阵,首先将几名波斯大将挑于马下。马其顿部队陆续过河,双方骑兵绞杀在一起,难解难分。激战持续了几个小时,大流士三世的儿子、女婿均在混战中被杀,波斯骑兵节节后退,最后终于溃逃。雇佣军步兵方阵顽强抵抗,但在马其顿军队的四面打击下,除2 000人被俘,其余全被消灭。

Gylippus(吉利普斯)——帮助斯巴达进攻雅典并打败雅典的科林斯军队指挥官①。公元前413年,吉利普斯活捉了雅典两名将领——尼西亚斯和德莫斯梯尼,并将二人处决。

---

① 吉利普斯为公元前5世纪斯巴达将领,其父为国王顾问,其母可能是出身卑微的希洛人。公元前414年,阿尔西比亚德斯请求斯巴达派遣一名将领领导叙拉古抵抗雅典人远征时,吉利普斯被指派前往叙拉古,指挥叙拉古军队抵抗雅典军队。公元前413年,与雅典军队交战中,吉利普斯指挥的叙拉古军队大获全胜,雅典的海军、陆军均遭毁灭性打击。修昔底德记载,这次战争在希腊史上是一个伟大的杰作,雅典人的损失极为悲惨,他们的陆军、舰队等一切全毁了,没有几个人能回去。

H

Haliartus(哈里亚尔图斯)——比奥提亚一城镇,公元前480年曾被薛西斯毁灭。公元前395年,在同底比斯人及其同盟者的战争中,斯巴达王鲍桑尼亚斯增援失败后,斯巴达名将吕山德丧命此地①。

Harmodius(哈默狄乌斯)——公元前527年,庇西特拉图死后,将统治权留给两个儿子:西庇亚斯和希帕库斯,他们的统治和谐、平静。希帕库斯卷入了涉及某个显贵家族的名誉丑闻。哈默狄乌斯设计了一个谋杀西庇亚斯和希帕库斯兄弟二人的计划,组织了一次他的朋友阿里斯托基吞及另外一些人参与的阴谋,时间选定在泛雅典娜节日(Panathenaea)期间。由于一个差错,先于西庇亚斯到达的希帕库斯被杀。节庆组织者当场杀死了哈默狄乌斯,阿里斯托基吞受尽折磨后被处死。西庇亚斯开始了独自一人的僭主统治,导致了所有雅典人的不满,最终发生起义。西庇亚斯经过长时间抵抗后,被起义者打败。公元前511年,西庇亚斯投降,离开雅典,退至西吉乌姆(Sigeum)。公元前506年,西庇亚斯到斯巴达寻求援助,希望斯巴达人帮助他在雅典恢复僭主统治,但此次计划再度失败,不得不退回西吉乌姆。西庇亚斯又一次萌生想法,希望波斯国王大流士一世帮助他重新夺回失去的政权。然而,大流士一世在马拉松战役中惨败。引诱大流士进攻雅典的西庇亚斯彻底放弃在雅典重建僭主统治的想法。

Heliaea(雅典陪审法庭)——一个由6 000公民组成的司法机关,600人来自各个部落②。其中1 000人为预备陪审员,其余5 000人分成10个迪卡斯特里法院,每个法庭500人。迪卡斯特里法院审理公民之间的各种案件,处理国家大部分法律事务。

Hellespont(赫勒斯滂海峡)——亚洲与欧洲分界的一道海峡。公元前480年,薛西斯入侵希腊时曾横渡这道海峡。

Helots(希洛人、希洛特、黑劳士等)——斯巴达人对被征服者的称谓③。被征服者沦为奴隶,他们的土地被掠走,归斯巴达人所有。他们没有政治权利,斯巴达

---

① 当时,斯巴达军队兵分两路进攻底比斯,一路由名将吕山德率领,另一路由国王鲍桑尼亚斯指挥,两军相约在哈里亚尔图斯会师。鲍桑尼亚斯因晚出发几天,两军未能如期会师,吕山德孤军围攻哈里亚尔图斯城,遭到失败,殒命于此。此战即著名的"哈里亚尔图斯之战"(Battle of Haliartus)。

② 雅典陪审法庭成员由在全体30岁以上的公民中抽签产生。10个部落,每个部落产生60人。陪审法庭被视为雅典民主政治的重要内容之一。

③ 一般认为,希洛人是斯巴达人征服拉科尼亚、美塞尼亚后的当地居民。这两个地区的居民被征服后,悉数沦为奴隶。由此构成了斯巴达社会的两大阶级:征服者斯巴达人为奴隶主,被征服者沦为奴隶——希洛人。以此为基础生成了斯巴达的国有奴隶制。亚历山大大帝征服希腊后,消灭了这种奴隶制。

人可以不经审判,将其随意处死。战时,主人将希洛人编入军队。希洛人举兵反抗斯巴达人的统治,斗争在伊托美山持续10年之久,最后于公元前455年被斯巴达人镇压下去。这些希洛人得以生存的条件是永远不得返回伯罗奔尼撒。雅典人在埃托利亚沿岸给予了这些希洛人一个名曰那乌帕科图斯(Naupactus)的城镇,作为雅典在科林斯湾的据点。

Hermae(赫尔梅)——上方刻有赫尔密斯头像的方形石柱(参阅"阿尔西比亚德斯")。

Hermocrates(赫摩柯拉提斯)——西西里战争期间叙拉古军队司令官①。

Herodotus(484-425 B.C.)(希罗多德,公元前484年至公元前425年)——著名历史学家,生于小亚的哈利卡纳苏斯(Halicarnassus)②。

Hesiod(赫西俄德)——大约公元前9世纪,生活在比奥提亚的希腊教诲诗人③。赫西俄德以《工作时日》冠名的著作,为维吉尔写作《田园诗》提供了范本。

Himera(希梅拉)——西西里一城市(参阅"盖罗")。

Hipparchus(希帕库斯)——雅典僭主庇西特拉图之子,西庇亚斯胞弟。被哈默狄乌斯杀死(参阅"哈默狄乌斯")。

Hippias(西庇亚斯)——雅典僭主,庇西特拉图之子,庇西特拉图死后成为僭主。亚里斯多德称其"有政治家的风度,又生性聪敏"④(参阅"哈默狄乌斯")。

Hippocrates(希波克拉底)——雅典将领,围攻代立昂的雅典军队指挥官。

Histiaeus(西斯提亚埃乌斯)——米利都僭主。大流士进攻叙拉古期间,西斯提亚埃乌斯曾阻止拆毁多瑙河的一座桥,拯救了大流士和他的军队。西斯提亚埃乌斯说服爱奥尼亚人不要拆毁这座桥,西斯提亚埃乌斯由此得到大流士重赏。由于大流士怀疑他的忠诚,以不希望和他这样的朋友分离为借口,把他带到都城苏撒。

---

① 赫摩柯拉提斯曾是叙拉古三将军之一,后出任吉利普斯的顾问。色诺芬、普鲁塔克等古典史家的著述中都曾提及赫摩柯拉提斯。

② 希罗多德的传世之作是《历史》(亦名《希波战争史》),是西方第一部历史学著作。《历史》内容广博,作者不仅仅着眼于希波战争的发展演绎,还记述了许多国家、民族的历史、风俗等,犹如一部"百科全书"。自古罗马时代开始,希罗多德便被尊为历史之父。

③ 学术界也有认为赫西俄德生活在公元前8世纪至公元前7世纪。赫西俄德的另一部传世之作是《神谱》,主要描写宇宙和诸神的起源,把希腊各路神明归入到一个世界。

④ 西庇亚斯在胞弟希帕库斯被杀后,一人独掌权柄,成为名副其实的僭主。也正是因为胞弟被杀,西庇亚斯变得残暴、专横,引发雅典人众怒,将其推翻。

Homer(荷马)——受人尊敬的希腊诗人,著有《伊利亚特》和《奥德赛》两部史诗①。

---

① 传说《荷马史诗》由盲诗人荷马写成,荷马生卒年不详。学术界一般认为,该部史诗是民间行吟歌手集体口头创作。史诗虽然反映的是公元前11世纪至公元前9世纪古希腊的社会状况,但史诗是在公元前6世纪形成文字的。《荷马史诗》不仅是优秀的文学作品,而且也是了解公元前11世纪至公元前9世纪古希腊历史的重要史料,人们将这一时期称为荷马时代。

Iliad(《伊利亚特》)——《荷马史诗》之两部史诗之一(参阅"荷马")。

Ionians(爱奥尼亚人)——爱奥尼亚人在小亚建立了多处殖民地①,公元前513年,大流士渡过多瑙河时,在西斯提亚埃乌斯授意下,爱奥尼亚人站在波斯一边。受(大流士女婿)阿里斯塔格拉斯的鼓动,爱奥尼亚人举兵反抗波斯,但在米利都遭围攻后②,臣服波斯。波斯总督阿尔塔费尼斯重新确立了在爱奥尼亚的统治(参阅"拉德岛")。公元前479年,希腊人获得米卡尔(Mycale)之战胜利后,爱奥尼亚人摆脱了波斯人的奴役。

Iphicrates(伊菲克拉特斯)——公元前391年,柯林斯战争中同斯巴达交战的雅典将领。伊菲克拉特斯解除了斯巴达对科尔库拉(即科孚岛)的围困(公元前373年至公元前372年)。公元前370年,雅典与斯巴达缔结对抗底比斯盟约后,公民大会将舰队指挥权授予伊菲克拉特斯。公元前355年,"同盟者战争"期间,伊菲克拉特斯遭到弹劾,付出巨额罚金后获释③。

Isagoras(伊萨格拉斯)——雅典民主政治进程中,克利斯梯尼的政治对手。公元前509年至公元前508年执政官,为了达到目的,伊萨格拉斯向斯巴达国王克里奥门尼斯求援,克里奥门尼斯派出一支小部队,迫使克利斯梯尼遭流放,伊萨格拉斯攫取雅典政权,并试图建立寡头统治。伊萨格拉斯的举措遭到雅典人强烈反对,伊萨格拉斯及其追随者逃至雅典卫城,被围困两天,第三天交出政权。克利斯梯尼得以被召回,继续民主政治改革(参阅"克里奥门尼斯"条)。

Issus(伊苏斯)——皮那鲁斯河(Pinarus)附近一座城镇,因发生了著名的"伊苏斯战役"而闻名。公元前333年,亚历山大大帝在此大败大流士三世,波斯军队的大批物资,金银财宝,悉数落入马其顿军队手中;大流士三世的母亲、妻子、两个公主成为亚历山大的阶下囚,大流士三世落荒而逃。伊苏斯战役是亚历山大东征的第二次战役,此次战役的胜利为马其顿军队开辟了通往叙利亚和埃及的道路。

Ithome, Mount(伊托美山)——美塞尼亚人最坚固的大本营。公元前668年,阿里斯托德姆斯在此地与斯巴达人交战。公元前464年,起义的希洛人固守伊托美山,抑制斯巴达人达10年之久。公元前370年,底比斯名将伊帕米农达斯在伊托美山坡建立了美塞尼亚。

---

① 爱奥尼亚,古地名,为古代希腊时代对今天土耳其安纳托利亚西南海岸地区的称谓,指东岸的希腊爱奥里亚人定居地。爱奥尼亚的北端约位于今天的伊兹密尔,南部到哈里卡纳苏斯以北,还包括希奥岛和萨摩斯岛等地。

② 米利都围城战是波斯镇压小亚地区反叛的核心战役之一。波斯军队陆地围攻米利都,海上则出动舰船封锁米利都。希腊人出动舰队试图援助,但未能成功。

③ 伊菲克拉特斯是雅典著名将领,也是著名的军事改革家。在他所进行的军事改革中,最重要的改革是轻盾兵改革。伊菲克拉特斯建立了一支装备轻盾的雇佣军,并在战场上发挥了积极作用。此外,他还改革、改进了多种雅典军队使用的兵器、装备等,加强了军队的机动能力。

Jason, of Pherae(费莱的贾森)——帖萨利统治者。贾森曾允诺留克特拉战役支援底比斯,但却食言。贾森宣称,他的目的是前往特尔斐,为帖萨利的统一献祭。然而,在他带领军队前往特尔斐时,希腊中部国家无一不惊恐异常。公元前370年,前往特尔斐的计划未完成之前,贾森遭杀戮身亡。

Lacedaemon(拉西第梦、拉凯第梦)——斯巴达所在平原的古称。拉西第梦有时也用于指代整个拉科尼亚。

Laconia(拉科尼亚、拉哥尼亚)——希腊南部一个地区,也是斯巴达人的主要城市。伯罗奔尼撒战争中,拉科尼亚沿岸遭到雅典人的劫掠。在底比斯得势时,底比斯名将伊帕米农达斯于公元前362年入侵拉科尼亚。

Lade(拉德岛)——米利都对面一座岛屿,由某一狄奥尼修斯领导的、由莱斯波人(Lesbians)、萨玛尼安人(Samians)和开俄斯人(Chians)参与的联盟,于公元前494年,在拉德岛被大流士总督阿尔塔费尼斯击败①(参阅"阿尔塔费尼斯""阿里斯塔格拉斯")。

Lamachus(拉马库斯)——公元前415年,希腊人远征西西里期间,拉马库斯为阿尔西比亚德斯、尼西亚斯同僚②。

Lamian War(拉米亚战争)——亚历山大大帝死后,在德莫斯梯尼鼓动下,几个希腊城邦举兵反抗马其顿留守将领安提帕特。这些城邦在帖萨利的拉米亚(Lamia)被击溃③。德莫斯梯尼在特洛曾(Troezen)附近一座神庙避难。遭到追捕后,德莫斯梯尼于公元前322年仰药自尽。

Leonidas(李奥尼达、李奥尼达斯)——希波战争中驻守温泉关的斯巴达军队指挥官。公元前480年,因埃菲阿尔提斯变节被薛西斯打败④。

Leontiades(莱昂提亚德斯)——一个允许斯巴达将领弗庇达斯(Phoebidas)及其军队于公元前382年进入卡德米亚的底比斯人⑤。莱昂提亚德斯利用人们的恐慌推翻了自己的政治对手,夺得政权,但不久后(公元前379年)便被人杀死(参阅"佩罗匹达斯")。

---

① 此次战役是波斯围攻米利都战役之一部分。米利都受围攻,希腊出动舰队前往支援,在拉德岛附近与波斯舰队遭遇,波斯舰队获胜。拉德岛战役决定了米利都失败的命运,孤立无援的米利都只好臣服波斯。

② 尼西亚斯、阿尔西比亚德斯和拉马库斯是指挥西西里远征的三位雅典将领。但三人对远征的态度各不一致,尼西亚斯反对远征,认为到远方的西西里作战是不明智之举。阿尔西比亚德斯则希望通过远征发财,并借此机会扬名天下。

③ 拉米亚战争又称希腊战争(Hellenic War)。亚历山大死后,雅典发生了反马其顿运动,并和其他城邦一道,反抗马其顿霸权,希望恢复自己从前的地位。这些反叛城邦把安提帕特围困在帖萨利的拉米亚,长达数月之久。后来,马其顿援兵赶到,扭转了战局。战争结束后,雅典人失去了独立,其他一些希腊城邦也被剥夺了许多权利。

④ 李奥尼达斯斯巴达著名国王克里奥门尼斯同父异母的兄弟。在希腊文中,他的名字的意思是"雄狮之子"。李奥尼达名垂青史,与他指挥勇敢的斯巴达军队,在温泉关同波斯军队浴血奋战联系在一起。

⑤ 底比斯的卫城。古典时代,卡德米亚主要指底比斯的卫城或老城区。

Leontini(莱奥提尼)——叙拉古附近一处希腊人的殖民地(位于西西里岛南部)。伯罗奔尼撒战争期间,莱奥提尼与叙拉古关系紧张时,曾得到雅典人的帮助。据修昔底德记载,莱奥提尼的居民被叙拉古人赶出了自己的领土。

Leotychides(利奥提基德)——斯巴达国王。利奥提基德作为克里奥门尼斯的同僚,继承了狄马拉图斯的王位。公元前479年,利奥提基德赢得了对波斯人的米凯莱(Mycalae)海战的胜利①。

Leuctra(留克特拉)——比奥提亚一座城镇,伊帕米农达斯和佩罗匹达斯率领神圣军团(300名精选重装步兵)②,于公元前371年,取得了打败斯巴达人及其国王克莱翁布劳图斯的决定性胜利。

Lilybaeum(利里贝乌姆)——参阅"德莱帕纳"。

Long Walls(长城、长墙)——连接雅典与庇里尤斯的防御城墙,构成了一道加固的防御系统(公元前458年)。公元前404年,伯罗奔尼撒战争结束时,被伯罗奔尼撒同盟拆毁。公元前393年,在科农指挥下,雅典人重建长城。

Lycomedes(利科米德斯)——参阅"无泪的战役"。

Lycurgus(莱库古)——大约生活在公元前800年的斯巴达立法者。虽然一些作家将莱库古视为神话传说中的人物,但人们还是把斯巴达法律或法典(Rhetra)归于莱库古的发明创造③。这部法律的目的在于使拉西第梦成为一个军事化国家,永远处于战备状态。莱库古将土地等分,禁止这些土地的拥有者增加或减少土地,金币银币被铁币取代。饮食非常简朴,在规定的时间集体就餐。军事和道德训练是必须做的事情。政府委托给两个国王,国王主持长老议事会、组织宗教仪式、制定法律、指挥军队等。长老议事会由28名成员组成④,负责遴选官吏、征税,以及通过或否决各项法律。

---

① 利奥提基德在海陆两栖均战胜波斯军队。但在接下来的远征帖萨利的军事行动中,利奥提基德收受贿赂,返回斯巴达。事情败露后,利奥提基德被流放,他的孙子继承了王位。

② 神圣军团由底比斯将军高吉达斯(Gorgidas)创建于公元前378年。最初的成员是150对出身高贵的情侣,散布在底比斯的各个军团中。高吉达斯将他们组成一个独立的军团,作为辅助其他军团的精锐部队使用。高吉达斯的继任者佩罗匹达斯将其重新定位成先锋部队。神圣军团战斗力超群,在底比斯战胜外敌,走向强大过程中发挥了重要作用。

③ 普鲁塔克《希腊罗马名人传》为莱库古立传。

④ 斯巴达的长老议事会由30名成员组成,其中包括两个国王。此段文字中提到的28名成员,没有将国王包括其中。

Lydia(吕底亚)——小亚西部一个地区,曾由克罗苏斯统治①。吕底亚后被波斯国王居鲁士二世征服。

Lysander(吕山德)——斯巴达名将。吕山德曾在阿尔塔薛西斯之兄居鲁士那里获得资金支持,于公元前407年,在诺丁姆打败雅典人,并于公元前405年,在阿哥斯波塔米战役中打败科农。吕山德曾率领斯巴达军队占领雅典,拆毁长城②。吕山德实力大增,在斯巴达引起不安,一段时间内,他甚至没有出任公职。公元前395年,吕山德死于哈里亚尔图斯。

Lysimachus(利斯马库斯)——亚历山大大帝手下最优秀将领之一。亚历山大大帝死后,利斯马库斯获得了色雷斯作为他的领土范围,外加彼泰尼亚为其私有财产。公元前282年,在进攻塞琉古过程中,利斯马库斯死于希罗皮狄昂(Cyropedion)。

---

① 吕底亚为小亚西部一古老国家,与希腊交往频繁,为当时的小亚地区大国。吕底亚人精于商业,大约公元前660年起,吕底亚便开始铸造货币,被认为是世界上最早使用铸币的国度。据希罗多德记载,吕底亚是最早铸造金币和银币的国家,并得到了考古学的证实。吕底亚在克罗苏斯统治期间强盛一时。居鲁士二世进攻吕底亚,围困都城,活捉了克罗苏斯,吕底亚灭亡。

② 最重要的是,吕山德率兵占领雅典后,支持建立"三十僭主",雅典民主政治被僭主政治取代。

M

Macedonia(马其顿)——古代希腊北部王国。公元前513年,马其顿臣服于大流士一世。腓力二世当政期间,马其顿逐步强大,成为希腊霸主。

Magnesia(马格尼西亚)——位于小亚的一座城市。迪米斯托克里斯在阿尔塔薛西斯宫廷期间,曾被授予该城市的统治权。

Magna Graecia(大希腊)——指南部意大利和西西里。之所以得名大希腊,是因为这里有大批希腊移民。该地区的希腊人几乎全部为狄奥尼修斯征服。

Mantinea(曼提尼亚)——位于阿卡迪亚的一座城镇。公元前418年,斯巴达国王埃基斯二世在曼提尼亚事实上赢得了对雅典及其盟友战争的胜利(参阅"埃基斯二世")。在这里,伊帕米农达斯指挥底比斯人大胜斯巴达人和曼提尼亚人,但伊帕米农达斯却丢掉了性命。

Marathon(马拉松)——阿提卡一村落,位于潘提利库斯山和潘提利库斯海湾附近。公元前490年,米泰雅德和卡利马库斯指挥雅典军队,在普拉提亚人援助下,大败小阿尔塔费尼斯所率大流士一世的军队[①]。

Mardonius(马尔多尼乌斯)——薛西斯手下将领。公元前492年,马尔多尼乌斯被派往雅典,但他所率领的舰队离开阿特里奥斯山(Mount Atlios)后,被一场风暴摧毁。公元前480年,萨拉米海战之后,马尔多尼乌斯带领30万人准备彻底征服希腊。马尔多尼乌斯在比奥提亚的普拉提亚,与斯巴达王鲍桑尼亚斯和雅典将领亚里斯泰迪斯指挥的希腊联军相遇。马尔多尼乌斯指挥的军队被击溃,其本人被杀。

Mausolus(摩索拉斯)——卡利亚国王[②]。摩索拉斯的陵墓、建于公元前352年的著名的摩索卢姆(Mausoleum),为世界古代七大奇观之一[③]。

Medes(米底人、米底王国)——与波斯人有血缘关系的雅利安人部落团体。据希罗多德记载,米底王国的建立者为迪奥塞斯。据载,迪奥塞斯为人善良,大约在公元前700年时被推举为国王。也有人认为,米底王国的实际开创者是弗拉欧尔特斯(Phraortes)。他的儿子基亚克塞莱斯于公元前625年继位后,联合新巴比伦,消灭了亚述帝国。公元前553年,居鲁士举兵反抗米底王国。公元前550年,居鲁士灭掉米底王国,建立了波斯阿黑门尼德王朝,开始了波斯帝国时代。

Megabazus(麦加巴祖斯)——大流士一世麾下将领。渡过多瑙河之后,大流士

[①] 马拉松战役也是人类军事史上著名的以少胜多的经典战例之一。需要说明的是,虽然雅典人取得了胜利,但马拉松战役并不是决定性的,日后的战争更加激烈、残酷。

[②] 卡利亚位于今天的土耳其西南沿海地区。

[③] 公元前4世纪,位于小亚的卡利亚(今天的土耳其西南部)国势强盛,国王摩索拉斯在世时,便开始着手为自己和皇后修建陵墓。陵墓异常宏伟壮观,华丽无比,入选世界古代七大奇观绝非虚传。

一世留下部分军队,由麦加巴祖斯指挥。

Megalopolis（麦加罗波里斯）——阿卡迪亚一座重要城镇①,公元前370年由底比斯名将伊帕米农达斯建立。伊帕米农达斯建城的目的是拥有一个对抗斯巴达的据点。

Megara（麦加拉）——麦加利斯（Megaris）都城,位于雅典和科林斯之间②。在同雅典争夺萨拉米所有权战争中（参阅"米伦尼德斯"）,麦加拉遭到侵略,斯巴达则支持雅典（参阅"梭伦"）。伯利克里当政期间,麦加拉疏远雅典,与斯巴达人结盟。阿提卡所有的港口和市场均将麦加拉排斥在外。

Megaris（麦加利斯）——科林斯地峡东部一希腊小城邦③。薛西斯将领马尔多尼乌斯曾入侵麦加利斯。

Melos（米洛斯岛）——希克拉底斯群岛（Cyclades）之一岛④。伯罗奔尼撒战争期间,米洛斯岛遭到尼西亚斯劫掠。公元前416年,《尼西亚和约》签订后,米洛斯岛再度遭袭,又一次成为贪婪的雅典人的牺牲品。雅典衰落后,米洛斯人于公元前404年得以重返故土。

Messene（美塞尼）——美塞尼亚人为了挣脱拉科尼亚人的奴役,进行了长期斗争。曾在伊托美山坡建立城市和要塞的底比斯名将伊帕米农达斯,最终帮助美塞尼亚人获得了解放。300年后,美塞尼亚人彻底脱离了斯巴达（公元前370年）。

Messenian Wars（美塞尼亚战争）——美塞尼亚为拉科尼亚西部一个地区,人口主要由多利亚人、亚该亚人等构成。第一次美塞尼亚战争从公元前743年持续到公元前723年。斯巴达人翻越泰格图斯山（Taygetus）,包围了安菲要塞,劫掠了美塞尼亚。美塞尼亚人在伊托美山最坚固的堡垒集结了全部军队,尽管阿里斯托德姆斯（参阅"阿里斯托德姆斯"）以女儿为牺牲,但要塞仍然被攻陷。美塞尼亚人变成了庇里阿西人（Perioeci）（参阅"庇里阿西人"）。大约公元前660年,阿里斯托门尼斯领导美塞尼亚人反抗斯巴达人的统治,引发了第二次美塞尼亚战争。美塞尼亚人和阿里司托克拉特斯统治的阿卡迪亚人,以及斐冬统治的阿果斯人结盟。阿里司托克拉特斯放弃了这一同盟,斐冬则殒命战场。斯巴达人虽然遭受了几次失败,但最终还是战胜了阿里斯托门尼斯。阿里斯托门尼斯亡命罗德斯岛,并死在那

---

① 位于阿卡迪亚西南部。伊帕米农达斯建立这座城市也出于制衡斯巴达的考虑。该城市也是阿卡迪亚联盟所在地。公元前223年,斯巴达王克里奥门尼斯三世焚毁了这座城市。

② 为保护自己的海上权益,麦加拉同雅典争夺萨拉米,结果是萨拉米岛落入雅典人手中。麦加拉城是麦加拉学派的发祥地,创立者为欧几里德。

③ 麦加利斯曾是科林斯的属国。伯罗奔尼撒战争期间,麦加利斯是斯巴达的盟国。

④ 米洛斯岛位于希腊大陆与克里特岛之间,闻名于世的"断臂维纳斯"即是在米洛斯岛发现的。

里。美塞尼亚人成为希洛人（公元前645年），因此，公元前464年，第三次美塞尼亚战争被称之为希洛人起义（参阅"希洛人"）。

Miletus（米利都）——小亚古代城市，爱奥尼亚人最著名的殖民地[1]，坐落在卡利亚（Caria）西海岸（参阅"阿尔塔费尼斯""阿里斯塔格拉斯"）。在阿尔西比亚德斯煽动下，米利都于公元前412年举兵反抗雅典。

Miltiades（米泰雅德、米太雅得）——雅典将军[2]。公元前490年，米泰雅德指挥雅典军队，在马拉松战胜大流士手下总督小阿尔塔费尼斯为首的波斯军队。发现西庇亚斯在雅典帮凶的企图后，米泰雅德曾阻止僭主西庇亚斯返回雅典。第二年，为报帕洛斯（Paros）岛结下的私仇，米泰雅德得到了一支规模较大的舰队，但还是被击败。米泰雅德蒙受羞辱，被陪审法庭判罪，并课以罚金50塔兰特。公元前489年，米泰雅德死于腿伤。他的儿子西蒙在他死后替他偿付了罚金。

Mindarus（闵达鲁斯）——伯罗奔尼撒舰队的斯巴达将领。公元前411年，闵达鲁斯的舰队在阿比多斯被雅典人打败。公元前410年，阿尔西比亚德斯指挥雅典舰队在基齐库斯又一次打败闵达鲁斯指挥的伯罗奔尼撒舰队[3]。

Mycale（米卡尔）——米利都附近一海角。公元前479年，斯巴达国王利奥提基德和雅典将军克桑提普斯（Xanthippus）在米卡尔打败薛西斯指挥的波斯海军[4]。

Myronides（米伦尼德斯）——雅典将军。公元前458年，米伦尼德斯在麦加拉两次战胜科林斯人，并于公元前456年征服比奥提亚。

Mytilene（米提林）——莱斯波斯岛之古代首府，曾被居鲁士统治的波斯人征服。爱奥尼亚人起义期间，米提林曾举兵反抗大流士（参阅"阿里斯塔格拉斯"）。普拉提亚和米卡尔战役之后，莱斯波斯再次获得自由，并与雅典结盟，但发现自己受压迫之后，转而投向斯巴达，导致伯罗奔尼撒战争爆发。不久后，莱斯波斯再度被征服，都城米提林被夷为平地（参阅"克里昂"）。阿哥斯波塔米战役后，莱斯波斯再度归附斯巴达，最后被亚历山大大帝征服。

---

[1] 米利都位于今天土耳其境内。米利都在历史上是一座富庶的港口城市，先后经历了赫梯、波斯、马其顿、罗马、拜占庭、奥斯曼等帝国的统治。米利都"盛产"思想家，著名的米利都学派就诞生在这里，泰勒斯即是该学派的创始人。

[2] 米泰雅德出身雅典贵族，大约公元前524年出任雅典执政官。公元前490年，当选雅典十将军，指挥了马拉松战役。但在帕洛斯岛战役中遭到惨败，命运随之发生逆转。

[3] 这两次战役为伯罗奔尼撒战争后期两次重要战役。

[4] 米卡尔战役希腊联军打败的是波斯海军残余。这场战役和普拉提亚战役标志着波斯帝国入侵希腊的终结，希腊也由守势转为进攻。

N

Naxos(纳克索斯岛)——希克拉底斯群岛之一岛。纳克索斯岛试图退出提洛同盟,但卡布里亚斯指挥雅典军队,于公元前466年将纳克索斯打败,并增加了其提交提洛同盟的贡金。

Nearchus(尼亚库斯)——亚历山大大帝麾下将领。亚历山大大帝想要打通巴比伦与印度之间的海上通道,曾命尼亚库斯对波斯湾进行探险①。

Nicias(尼西亚斯)——克里昂在雅典的政敌②。尼西亚斯签订了以他的名字命名的和约,结束了第一次伯罗奔尼撒战争。尼西亚斯和德莫斯梯尼一同被派往叙拉古与吉利普斯交战,公元前413年战败,尼西亚斯被处死。

Notium(诺丁姆)——与小亚以弗所相望。公元前407年,阿尔西比亚德斯把舰队指挥权交给雅典将军安提奥库斯(Antiochus),结果被吕山德指挥的斯巴达军队彻底打败,安提奥库斯也死于战场③。

---

① 亚历山大大帝从印度返回后,为了打通印度与幼发拉底河之间的海上通道,部将尼亚库斯奉命对印度到波斯湾海岸线进行考察,后又雇用腓尼基人在波斯湾进行航海活动,在岸边建立殖民地,目的是向东方扩展势力。此项活动因亚历山大英年早逝不了了之。

② 尼西亚斯在叙拉古保卫战之前,多次当选雅典将军。尼西亚斯不仅签订了著名的《尼西亚和约》(为期50年,基本内容是大体维持战前状况),还组织了西西里远征。被召回后,指挥叙拉古围城战。

③ 诺丁姆战役系伯罗奔尼撒同盟几年来第一次胜利。此次战役的胜利使吕山德威望大增,阿尔西比亚德斯则失去了在雅典的军事指挥权,进一步加速了提洛同盟的瓦解。

Odyssey(《奥德赛》)——《荷马史诗》中两部史诗之一(参阅"荷马")。

Olympia(奥林匹亚)——阿尔弗斯河岸边的一座伯罗奔尼撒城市,希腊人在这里举行赛会,以表达对民族之神奥林匹亚宙斯的敬意。

Olympias(奥林匹亚斯)——亚历山大大帝生母。腓力二世为了与手下将军阿塔鲁斯侄女克利奥帕特拉(Cleopatra)结婚,与奥林匹亚斯离婚。

Olympus(奥林帕斯山)——希腊最高山峰,坐落在帖萨利①。

Olynthian Confederacy(奥林图斯联盟)——一个哈尔基季基半岛上的马其顿和希腊城镇的联盟。阿坎图斯和阿波罗尼亚(Apollonia)两座城市拒绝加入,并向斯巴达告知了目前的处境。斯巴达派遣一支舰队抵达哈尔基季基海岸,联盟遂于公元前379年瓦解。由于背弃了对波斯人的忠诚,薛西斯手下将领阿塔巴泽斯摧毁了该地区主要城市奥林图斯。公元前348年,哈尔基季基同盟所有成员国(Chalcidian Confederacy)悉数被马其顿腓力二世征服。

Onomarchus(奥诺马尔库斯)——福基斯人首领(参阅"神圣战争")。公元前352年,奥诺马尔库斯率军与马其顿腓力二世交锋,在马格尼西亚半岛(Magnesian Peninsula)的帕加赛(Pagasae)失败后被杀②。

Ortygia(奥尔提吉亚)——西西里岛东南叙拉古的一座小岛,曾是狄奥尼修斯二世的亡命地(参阅"狄奥尼修斯二世")。

Ostracism(陶片放逐法)——克里斯梯尼创建的一种放逐制度。假如出现政治危机,集会的民众可以通过投票宣布任何一个雅典人有害于国家,如果6 000人投票反对此人,那么此人将被流放10年③。

---

① 奥林帕斯山是古代希腊人的圣山。古希腊神话传说中,奥林帕斯山是宙斯为首的、主宰人类命运的众神聚居地。

② 奥诺马尔库斯及其福基斯人的坚决抵抗令腓力二世非常恼怒,帕加赛战役结束后,腓力二世命人找到奥诺马尔库斯的尸体,用绞架吊起示众。其他福基斯士兵的尸体全部投入大海。不仅如此,战败的福基斯人随之遭受沉重打击,他们的城市被拆散成村落,人民的权利被剥夺,国力渐衰,从此一蹶不振。

③ 由于投票者把被流放者的名字写在陶片上,故名陶片放逐法。投票人数量超过6 000则为有效,不足6 000为无效。投票结束后,按照得票人的名字分类,得票多者被流放,流放期为10年,但如果城邦需要,可随时被召回。该制度公元前510年创立,公元前487年前后开始实施,第一个被流放者是庇西特拉图。此项制度被认为是雅典民主政治的重要内容,体现了民主政治的广泛性。但该制度的弊端也是明显的,尤其是对被流放者的判决并不是依据法律做出的,很大程度取决于参会者的情绪。公元前415年,陶片放逐法被废止。

Pagasae(帕加赛)——帖萨利一座城镇,位于马格尼西亚海岸(参阅"奥诺马尔库斯")。

Pamphylia(潘菲利亚)——安纳托利亚地区一古城,公元前25年,成为罗马帝国潘菲利亚行省一部分(参阅"西蒙")。

Panathenaea(泛雅典娜节)——每年一度纪念雅典娜的节日。庇西特拉图创建了更隆重的节庆活动,每四年举行一次,称为"大雅典娜节",同时,原来的节日依然保留,只不过被称为"小雅典娜节"①。

Parmenio(帕梅尼奥)——亚历山大大帝爱将②,在伊苏斯和高加米拉战役中战功显赫。他的儿子菲洛塔斯对亚历山大直言不讳,引起亚历山大反感。菲洛塔斯以阴谋推翻亚历山大遭到指控,并遭受严刑拷打,尽管菲洛塔斯无辜承认自己有罪,而且波及同样无辜的父亲,但父子二人仍被处以极刑。

Parnassus(帕纳苏斯)——希腊中心地带山峰,山峰一壁龛存放着特尔斐神谕。

Parnes(帕尔奈斯山)——雅典附近一座山。

Paros(帕洛斯岛)——爱琴海一岛屿,以盛产白色大理石闻名(参阅"米泰雅得")。

Parthenon(巴台农神庙)——建于伯利克里时代,雅典卫城最大、最美观的神庙③。

1. Pausanias(鲍桑尼亚斯)——斯巴达摄政。鲍桑尼亚斯同雅典人一道,在普拉提亚战役中,战胜了马尔多尼乌斯和阿塔巴泽斯指挥的薛西斯的军队。公元前479年,鲍桑尼亚斯进军底比斯。第二年,鲍桑尼亚斯主动向薛西斯提出条件:如果薛西斯能够给予他钱财,并把女儿嫁给他,他将所有的臣服希腊地区交给薛西斯。薛西斯表示同意,但鲍桑尼亚斯企图暴露,监察官将其召回斯巴达。斯巴达舰队不但拒绝接受他的指挥,反而听从了雅典将军亚里斯泰迪斯和西蒙的部署。鲍桑尼亚斯的权力遭剥夺,并被传唤出庭受审,但法庭判决其无罪。斯巴达再也未授予鲍桑尼亚斯军事指挥权。鲍桑尼亚斯投奔薛西斯宫廷,因阴谋活动第二次出庭受审,但无控告者出面指控。鲍桑尼亚斯继续从事阴谋活动,直至他送给总督阿塔巴泽斯的信件被发现。鲍桑尼亚斯逃往雅典娜神庙避难,但监察官们下令关闭神庙大门,任其饥饿至死(公元前469年)。

2. Pausanias(鲍桑尼亚斯)——斯巴达国王(公元前408年至公元前394年在

---

① 泛雅典娜节是为了纪念雅典城邦守护神雅典娜形成的节日,也是古希腊最具影响力的一个节日,最初每年举行一次,为期两天,后改为每4年一次,为期6天。

② 帕梅尼奥也曾是亚历山大大帝之父腓力二世麾下将领。

③ 巴台农神庙也是供奉雅典城邦保护神雅典娜的神庙,总设计师为菲狄亚斯。

位)。鲍桑尼亚斯终结了雅典"三十僭主"的寡头统治。公元前395年,由于鲍桑尼亚斯的援军未能如期抵达,导致吕山德在哈里亚尔图斯的失败与死亡。鲍桑尼亚斯在返回途中遭到指控,为躲避审判逃走①。

3. Pausanias(鲍桑尼亚斯)——杀害马其顿腓力二世的凶手②。

Peiraeus (Piraeus)(庇里尤斯)——雅典港口,该港口取代了法莱卢姆(Phalerum)的旧港口。庇里尤斯著名的雅典长城被吕山德毁掉,后又由科农重建。

Peisander(Pisander)(裴山德、裴山大)——雅典政治家。裴山德曾率领一个使团前往波斯总督提沙费尔尼斯府邸,约见阿尔西比亚德斯,并希望得到提沙费尔尼斯对雅典同斯巴达交战的支持。但使团空手而归(公元前411年)。裴山德还建立了400寡头统治(参阅"四百寡头")③。裴山德后遭流放,逃至斯巴达避难。

Peisistratus (Pisistratus)(庇西特拉图)——梭伦离开雅典期间,他的宪法引起了许多雅典人的不满。庇西特拉图自任"山地派"首领,宣布自己为雅典僭主。庇西特拉图是一个有节制、有能力的统治者。以麦加克勒斯(Megacles)和莱库古为首领的"平原派"和"海岸派"推翻了庇西特拉图的统治。但两个首领意见相左,麦加克勒斯坚持恢复庇西特拉图的权力,并和他一道进行统治。然而,两人各执己见,导致庇西特拉图第二次被废黜,遭流放。庇西特拉图退居色雷斯,在色雷斯集结了一支军队,向雅典进军。公元前535年,庇西特拉图在马拉松击败对手,再次成为僭主④。庇西特拉图处理内外事务谨慎小心,恪守梭伦制定的各项法律,保护自由民。公元前527年,庇西特拉图死去,将权力留给了两个儿子:西庇亚斯和希帕库斯。

Pelasgians(皮拉斯吉人)——希腊最早的部落之一。

Pelopidas(佩罗匹达斯)——出身贵族的底比斯富翁,伊帕米农达斯好友。佩罗匹达斯把底比斯从军事执政官(Polemarchs)的统治下解放出来,并杀死了莱昂提亚德斯。佩罗匹达斯征服了帖萨利,后被费莱的亚历山大囚禁,好友伊帕米农达斯将其营救。公元前368年,远征费莱的亚历山大时殒命。

---

① 鲍桑尼亚斯先是逃到了波斯,后又回到斯巴达,被民众乱石打死。
② 鲍桑尼亚斯曾是马其顿国王腓力二世的贴身侍卫。公元前336年,腓力二世在自己女儿的婚礼上遭鲍桑尼亚斯刺杀身亡。鲍桑尼亚斯逃走时被腓力二世侍卫杀死。
③ 据说,"400寡头"的来源是梭伦改革时创建的"四百人会议"——亚里斯多德在《雅典政制》中称,依照祖先的规矩,组成了由400个成员组成的议事会。之所以称其为"寡头",是因为这个政府并未给予5 000人的公民大会应有的地位和作用,400人拥有专制权力。
④ 庇西特拉图的僭主政治并不简单地等同于君主专制。庇西特拉图有专制的一面,也有诸多坚持梭伦改革的一面。学术界主流观点认为,庇西特拉图的僭主政治,对民主政治的建立起到了促进作用。

Peloponnesian War(伯罗奔尼撒战争)——伯利克里与卡里亚斯安排的、斯巴达与雅典签订的《三十年和约》刚刚期满,在斯巴达及其盟友与雅典及其追随者之间便爆发了一场旷日持久的战争(公元前431年至公元前404年)。雅典一方参战的主要将领是伯利克里、德莫斯梯尼(将军)、尤里麦顿、尼西亚斯、科农、阿尔西比亚德斯、特拉斯布卢斯和特拉斯卢斯。斯巴达一方的主要战将有布拉斯达斯、阿奇达姆斯、吕山德、卡里克拉提达斯、吉利普斯。双方进行的主要战役有:公元前427年普拉提亚战役、公元前425年皮洛斯之战、公元前422年安菲波利斯战役、公元前418年曼提尼亚之战、公元前413年终结西西里远征、公元前411年的埃里特里亚战役、公元前410年基齐库斯战役、公元前407年诺丁姆战役、公元前406年阿吉努塞战役、公元前405年阿哥斯波塔米战役。这场战争以雅典衰落,斯巴达建立霸权而告终①。

Perdiccas(波尔蒂卡斯)——马其顿国王。伯罗奔尼撒战争初期,波尔蒂卡斯站在波提迪亚人(Potidaeans)一边。斯巴达将领布拉斯达斯帮助波尔蒂卡斯对付他的那些与斯巴达对立的敌人。公元前359年,波尔蒂卡斯的弟弟、历史上著名的腓力二世继承了王位。

Periander(佩里安德)——科林斯著名僭主,亦为古希腊七贤之一②。

1. Pericles(伯利克里)——雅典最伟大的政治家③。伯利克里的主要对手是西蒙。在西蒙被放逐后,伯利克里成为雅典唯一的统治者。公元前457年,塔纳格拉战役失败后,伯利克里允许西蒙返回雅典。伯利克里同斯巴达缔结了《三十年和约》,改组了法庭,增加了殖民地数量,加强了海军,重建了神庙,建造了巴台农神庙和卫城前门,用公共建筑装点了雅典城。伯利克里同样是一名出色的军事将领。公元前445年,伯利克里重新收复了尤俾亚;公元前440年,伯利克里降伏了起义的萨玛尼安人;在伯利克里主张开战的伯罗奔尼撒战争中,亦有突出表现。伯罗奔尼撒战争初期,伯利克里一时失去民心,但不久便又恢复了声望。公元前429年,伯利克里在雅典流行瘟疫期间染疾身亡。

2. Pericles(伯利克里)——雅典政治家伯利克里之子。因未能营救出大风暴

---

① 这场战争不仅持续时间长,而且波及空间也非常广泛:从西西里到小亚,整个希腊语世界都卷入了战争,各个城邦之间的平衡关系被打破。这场战争还是希腊历史的转折点,标志着希腊经典黄金时代的结束。对于参战各方而言,这场战争均无正义可言,战争目的是为了争夺希腊世界的霸权。

② 佩里安德出身于平民家庭,其父为科林斯僭主,父亲死后,佩里安德继位僭主。佩里安德在位40年,他治下的科林斯经济繁荣,商业发达,成为希腊世界最富庶的城邦。

③ 伯利克里出身名门,受过良好教育。在伯利克里执掌雅典国家政权期间,大力推进民主政治,雅典国力强盛,古典文化亦步入巅峰时期。

中的雅典舰船,阿吉努塞战役后,伯利克里被判死刑。公元前406年,特拉斯卢斯和阿里司托克拉特斯亦遭同样命运①。

Perioeci(庇里阿西人)——居住在斯巴达地区周围的被征服的居民②。他们需要缴纳贡赋,为军队提供服务。

Perspolis(波斯波利斯)——波斯帝国一个大都市,波斯首都③。公元前330年,亚历山大大帝占领了波斯波利斯,并将其焚毁。

Persian Empire(波斯帝国)——参阅"居鲁士""冈比西斯""大流士"。

Phalerum(法莱卢姆)——雅典旧港口,后被庇里尤斯港取代。

Pharnabazus(法纳巴祖斯)——北部小亚总督。在赫勒斯滂海峡诸次战役中,法纳巴祖斯帮助拉西第梦人进攻雅典人。法纳巴祖斯被斯巴达国王阿格斯劳斯赶出自己的领地。法纳巴祖斯联合科农舰队,打败了阿格斯劳斯的妻弟斐山德,并于公元前394年,在克尼都斯战胜斯巴达人。

Pheidias(Phidias)(菲狄亚斯)——希腊最著名的雕刻家,大约公元前488年生于雅典。伯利克里委任菲迪亚斯负责美化雅典城。菲狄亚斯最著名的作品是巴台农神庙的雕像——黄金、白银制作的雅典娜雕像,以及著名的奥林匹亚的宙斯巨型雕像④。

Pheidon(斐冬)——阿果斯早期国王⑤。据说,斐冬率先开始钱币铸造,确立了度量衡。公元前660年,第二次美塞尼亚战争中,斐冬支持美塞尼亚人反抗斯巴达人的统治。

Philip Ⅱ. of Macedon (382 – 336 B. C.)(马其顿腓力二世,公元前382年至公元前336年)——腓力二世为阿敏塔斯(Amyntas)第三个儿子,在底比斯长大成人。曾被名将佩罗匹达斯押为人质,也正是在底比斯,腓力萌生了组建著名的马其顿方阵的想法。腓力二世并非以嫡传继承王位,最初扮演的角色是第二个哥哥波尔蒂

---

① 共有8名雅典将领参加阿吉努塞战役,两人战死,其余6人生还后仍被判处死刑。此处阿里司托克拉特斯为雅典军事将领。

② 庇里阿西人的意思是"边区居民",主要居住在斯巴达城周围。在斯巴达,庇里阿西人多从事手工业和商业活动,地位高于希洛人,低于斯巴达人。庇里阿西人有一定的人身自由,但无政治权利。

③ 波斯波利斯位于今天伊朗境内。波斯波利斯由大流士一世主持兴建,历经薛西斯、阿尔塔薛西斯三代君主建造,方最后完工。波斯波利斯的意思是"波斯之都"。

④ 除了这两尊雕像外,"命运三女神"也是菲狄亚斯的代表作。其中,宙斯巨型雕像为世界古代七大奇观之一。

⑤ 斐冬被称为希腊历史上最早的僭主。斐冬当政期间,想要重振阿果斯之雄风,但成效并不显著。他死后,阿果斯的地位迅速下降,成为希腊世界二流城邦。

卡斯(Perdiccas)遗孤的摄政。公元前359年,腓力设法将皇子弃置一边,自己独掌王权。腓力二世改革了军队,成功夺取了安菲波利斯、皮德纳、奥林图斯,征服了色雷斯诸部落,得到了潘吉乌斯(Pangaeus)山金矿所有权。腓力二世参加神圣战争,建立了腓力比城。在同帖萨利人战争中,被福基斯人奥诺马尔库斯击溃,但几个月之后,腓力二世于公元前352年,在帕加赛打败奥诺马尔库斯,将其杀死,成为帖萨利地区的主人。腓力二世进军讨伐普罗庞梯斯(马尔马拉海)和拜占庭地区的希腊城市,但不止一次遭败绩。公元前339年,雅典政治家福西翁迫使腓力二世放弃了拜占庭。雅典人和底比斯人联合起来抵抗腓力二世的入侵。但在公元前338年进行的著名的凯隆耐战役中,雅典和底比斯被征服,全希腊都臣服于腓力二世的权威。公元前338年,腓力二世召集了科林斯会议(参阅"科林斯")。腓力二世与奥林匹亚斯离婚,迎娶克利奥帕特拉。公元前336年,腓力二世在女儿的婚礼上遇刺身亡。

Philippics(《斥腓力二世》)——古代雅典最负盛名的演说家德莫斯梯尼反对马其顿入侵希腊,发表了《斥腓力二世》的著名演说,提醒自己的同胞,警惕马其顿的威胁,揭露腓力二世入侵希腊的野心。

Philomelus(菲洛迈鲁斯)——神圣战争中福基斯人领袖[①]。

Philopoemen(斐洛比门)——古希腊政治家、将军(公元前252年至公元前182年),曾多次出任亚该亚同盟军队总司令(参阅"亚该亚联盟")。

Philotas(菲洛塔斯)——亚历山大大帝爱将帕梅尼奥之长子,亦为亚历山大大帝麾下名将。后因口无遮拦,冒犯亚历山大被杀(参阅"帕梅尼奥")。

Phoecion(福西翁)——雅典政治家,在对待同腓力二世战争问题上,与德莫斯梯尼针锋相对。公元前339年,福西翁迫使腓力二世放弃对拜占庭的围攻。

Phoebidas(弗庇达斯)——斯巴达将军。公元前328年,伯罗奔尼撒战争中,弗庇达斯曾率兵占领底比斯卫城卡德米亚,迫使反斯巴达势力出逃底比斯。几年后,底比斯人起义,斯巴达人被赶走(参阅"卡德米亚")。

Plain(平原派)——阿提卡半岛的三个地域或三个派别为:平原派、海岸派和山地派。平原派指的是那些占有阿提卡肥沃平原的富有的土地所有者;海岸派指的是工商业者或中产阶级;山地派则是最贫困阶层,以及山地牧羊人。

Plataea(普拉提亚)——阿索普斯河岸边一座比奥提亚古代城市。普拉提亚因与底比斯发生纠纷,脱离比奥提亚联盟,将自己置于雅典的保护之下(公元前509

---

① 菲洛迈鲁斯为奥诺马尔库斯之兄。菲洛迈鲁斯主张坚决抵抗腓力二世的进攻,不仅个人倾出家资,而且动员民众抵抗到底。菲洛迈鲁斯死后,其弟继承长兄事业,继续抵抗腓力二世,虽然战场上几度获胜,但最终还是未能免遭失败厄运。

年)。公元前490年,普拉提亚人和雅典人一道,在马拉松抗击波斯军队。普拉提亚在比奥提亚抵抗薛西斯入侵,城市被波斯军队夷为平地。在普拉提亚,由马尔多尼乌斯、阿塔巴泽斯指挥的薛西斯军队与(斯巴达摄政)鲍桑尼亚斯、亚里斯泰迪斯指挥的希腊联军之间发生了一场意义重大的战争。马尔多尼乌斯战败身亡,希腊的独立自由得以保全(公元前479年)。伯罗奔尼撒战争初期,受底比斯人挑唆,普拉提亚遭到斯巴达人的攻击。公元前428年,经过长达两年的围攻后,普拉提亚城陷,被夷为平地。公元前387年,《安塔尔西达斯和约》签订后,普拉提亚得以重建。公元前374年,普拉提亚第三次被底比斯人摧毁,居民流落他乡。

Plato(柏拉图)——古希腊著名哲学家,苏格拉底(公元前427年至公元前347年)门徒。

Polemarch(军事执政官)——雅典军队的军事长官,此称谓授予第三名执政官①。

Porus(波路斯)——被亚历山大大帝打败的印度君王。

Potidaea(波提迪亚)——哈尔基季基半岛重要城镇,由科林斯人建立(参阅"阿塔巴泽斯")。波提迪亚曾是雅典联盟成员,但在伯罗奔尼撒战争初期反叛雅典。公元前432年,波提迪亚的军队和伯罗奔尼撒盟友在波提迪亚城附近被打败,波提迪亚向伯利克里当政的雅典投降(参阅"波尔蒂卡斯""阿里斯图斯")。公元前358年,波提迪亚最终被腓力二世占领,并将波提迪亚城给予奥林图斯人(参阅"波尔蒂卡斯""阿里斯图斯")。

Propylaea(雅典卫城山门)——伯利克里所建雅典城堡门廊②。

Ptolemy(托勒密)——亚历山大大帝部将之一。亚历山大帝国三分后,托勒密分得的领土是埃及,托勒密后裔统治埃及近三个世纪。

Pydna(皮德纳)——马其顿境内一城市,起源于希腊人在特尔麦克(Thermaic)湾的殖民地,公元前358年被腓力二世占领③。

---

① 亚里斯多德《雅典政制》记载,军事执政官乃雅典城邦最高统帅。据考,该官职也是一个历史悠久的官职。早在巴塞琉斯时代,贵族议会便选举一名军事执政官,辅佐巴塞琉斯,并负责军事事务。

② 雅典卫城的入口。在希腊语中,"Propylaea"的意思是通往圣城的入口。

③ 腓力二世占领皮德纳时,皮德纳是一个不受雅典人掌控的自由城市。公元前168年,第三次马其顿战争期间,罗马与马其顿安提柯王朝(Macedonian Antigonid Dynasty)发生了著名的皮德纳战役,罗马人大获全胜,由此确立了在希腊世界的统治地位。公元前148年,马其顿成为罗马人的一个行省。

Pylos(皮洛斯)——希腊一港口城市(参阅"德摩斯梯尼""尤里麦顿河")。
Pythagoras(毕达哥拉斯)——古希腊哲学家,公元前582年生于萨摩斯①。

---

① 毕达哥拉斯不仅是著名的哲学家,而且还是著名的数学家,勾股定理即是以毕达哥拉斯的名字命名的——毕达哥拉斯定理。

Rhetra（莱特拉、瑞特拉）——斯巴达莱库古制定的法律法规①。

Rhodes（罗得斯岛）——小亚西南一座岛屿②，多利亚人定居于此。该岛屿主要城市是罗得斯。公元前305年，罗得斯遭到长时间围攻，但未被攻克。在对腓力五世和安提奥库斯战争中，罗得斯与罗马结盟。在罗马人使提洛岛成为爱琴海的商业港口时，罗得斯的重要性随之消失。

Roxana（罗克珊娜）——古国大夏一贵族之女，也是亚历山大大帝诸多妻子之一。③

---

① 传说中的莱库古改革的一项重要内容则是颁布了大公约（The Great Rhtra）。也有人把"*Rhetra*"译成"约章""宣言""教训"等。

② 罗得斯岛扬名史册，还有一个非常重要的原因，世界古代七大奇观之一的太阳神阿波罗神像即坐落于此，罗得斯岛也由此得名"太阳神岛"。

③ 史载，罗克珊娜大约16岁时嫁给亚历山大大帝。亚历山大大帝宣称自己爱罗克珊娜，罗克珊娜陪同亚历山大参加了印度北部和巴基斯坦的战争。亚历山大公元前323年猝死后，罗克珊娜生下遗腹子，并先后杀死了亚历山大另外三个遗孀，罗克珊娜和儿子得到了亚历山大母亲的保护。大约公元前310年，罗克珊娜死于谋杀。

Sacred War(神圣战争)——第一次神圣战争大约发生在公元前595年。福基斯人猥亵拜祭阿波罗神庙的朝拜者。在平定这一宗教骚乱中,梭伦发挥了作用。第二次神圣战争发生于公元前356年,起因是底比斯与长期不公开的敌人福基斯之间的争端。底比斯人指责福基斯人在献给阿波罗的土地上耕种,亵渎了阿波罗神明。安菲托利克(Amphyctionic)宗教议事会宣判福基斯人支付罚金,如果拒绝支付,将占领福基斯的领土。福基斯人清楚,特尔斐人是始作俑者,于是,在菲洛迈鲁斯率领下,福基斯人占领了特尔斐及其神庙,导致了帖萨利与底比斯之间的战争。但是,福基斯人拥有特尔斐神庙的财富,有能力保证雇佣兵的数量。第二次神圣战争由此爆发,仅仅是一场福基斯人同已与帖萨利人结盟的底比斯人之间嫉恨引发的战争。菲洛迈鲁斯战死,奥诺马尔库斯继续指挥战争,且获得胜利。福基斯人的敌人向马其顿的腓力二世求援。奥诺马尔库斯在费莱两次战胜腓力二世。但不久,腓力二世在帕加赛战胜奥诺马尔库斯,奥诺马尔库斯兵败身亡。腓力二世由此成为帖萨利的主人(公元前352年)。这件事引起了那些不属于底比斯联盟的希腊国家的恐慌,这些国家与腓力二世为敌,于公元前352年,在温泉关打败了腓力二世。第二次神圣战争持续到公元前346年,以福基斯臣服腓力二世为告终。第三次神圣战争结束于公元前338年的凯隆耐战役。

Salamis(萨拉米岛)——爱琴海上一岛屿,与雅典隔海相望,公元前610年曾被麦加拉人占领。在梭伦指挥下,雅典人后来重新得到了该岛屿。公元前480年,薛西斯指挥的波斯舰队在萨拉米被击溃①。

Samos(萨摩斯岛)——小亚西海岸一座岛屿,爱奥尼亚人在此定居,僭主波利克拉特斯(Polycrates)一度统治该岛。大约公元前513年,大流士劫掠了萨摩斯岛。公元前440年,萨摩斯岛举兵反抗雅典,但被伯利克里降伏。公元前411年,400寡头密谋时,雅典人以忠诚为条件,同意萨摩斯岛独立。

Sardis(萨迪斯)——小亚中西部古国吕底亚的都城。吕底亚被波斯帝国征服后,萨迪斯成为波斯帝国的重要城市,商业贸易异常发达。继波斯帝国之后,萨迪斯先后被雅典人、亚历山大大帝和罗马人征服。一直到拜占庭帝国时代,萨迪斯始终是小亚的重要城市(参阅"克罗苏斯""阿尔塔费尼斯""阿里斯塔格拉斯")。

Scythians(西徐亚人)——亚洲一古老民族,居住于俄罗斯南部(今天的乌克兰南部)草原②。公元前513年,西徐亚人被大流士打败。

---

① 波斯海军在萨拉米岛附近海域被击溃。此即希波战争中著名的萨拉米海战。
② 西徐亚人历史上是一个强大的游牧民族,曾以今天的克里米亚为中心建立了一个强大的帝国。西徐亚人以骑兵擅长,西徐亚人的军队中,骑兵所占比例较大。西徐亚人骁勇善战,在与周边几个强大的帝国交手过程中,西徐亚人少有败绩。

Sedition Law（平乱法）——参阅"梭伦"。

Seleucidae（塞琉古王国）——曾经统治小亚、叙利亚的古代王朝①。塞琉古王国的建立者为塞琉古·尼卡托（Seleucus Nicator），塞琉古家族的主要成员是安提奥库斯的分支（公元前312年至公元前65年）。庞培发动东方战争之后，塞琉古成为罗马人的一个行省。

Selinus（塞利努斯）——参阅"西西里战争"。

Shore（海岸派）——参阅"平原派"。

Sicilian War (415 - 413 B. C.)〔西西里战争（公元前415年至公元前413年）〕——西西里塞利努斯与塞吉斯塔（Segesta）两城市之间发生争执，塞利努斯人向叙拉古寻求援助，塞吉斯塔人则向雅典求援，塞吉斯塔人知晓斯巴达会帮助叙拉古人的雅典人。雅典人装备了一支舰队，由尼西亚斯、阿尔西比亚德斯和拉马库斯指挥。尼西亚斯不赞成交战，但他的主张无人理会。就在舰队出发之前，人们发现赫尔梅斯神像遭损毁。人们指控阿尔西比亚德斯亵渎神灵，以及亵渎埃琉息斯神秘仪式（Eleusinian Mysteries）②等行为。但阿尔西比亚德斯仍然获得允许随舰队出发。阿尔西比亚德斯的计划是快速发起攻击，而尼西亚斯却持反对意见。正在这时，阿尔西比亚德斯在雅典的政敌向他发难，阿尔西比亚德斯被召回，但在返回途中却逃往斯巴达，转而与雅典为敌。尼西亚斯和拉马库斯单独执行攻击他们所选定目标的任务，围攻叙拉古获得成功。但叙拉古得到了科林斯人的援助。科林斯派吉利普斯率领舰队支援叙拉古。灾难开始降临在雅典人头上。雅典委派德莫斯梯尼支援雅典人，尽管雅典人拼死抵抗，最后仍被打败，许多人成为俘虏。依吉利普斯命令，德莫斯梯尼和尼西亚斯被处以死刑（公元前413年）③。

Sicily（西西里岛）——意大利南部一岛屿。早在公元前743年，希腊人即在西西里岛建立了殖民地，如叙拉古、阿格里琴托、纳克索斯等（参阅"西西里战争""狄

---

① 塞琉古王国的建立是亚历山大大帝部将三分帝国的产物。亚历山大大帝死后，部将塞琉古占领了叙利亚、小亚一带，故此，历史上也有人称其为叙利亚王国。中国古代史书称其为条支。

② 埃琉息斯神秘仪式是古希腊一神秘宗教仪式，是为雅典人三大节日庆典之一（另外两个为泛雅典娜节、大酒神节），每年春秋季节各举行一次，举行地点在阿提卡西部的托利韦平原。该仪式主要崇拜得墨忒耳、珀尔塞福涅和伊阿库斯等神祇，具体细节和启示意义严格保密，不得以任何方式泄露，亵渎者将被判处死刑。该神秘仪式以地母神和冥神为崇拜对象，故此，也有人将 Eleusinian Mysteries 译为"祭地母节庆"。

③ 尼西亚斯被杀的背景是，拉马库斯死去，阿尔西比亚德斯被召回，尼西亚斯孤军奋战。德莫斯梯尼的援军抵达后，形势未有好转，德莫斯梯尼和尼西亚斯被迫先后投降。叙拉古人违背吉利普斯的诺言，将尼西亚斯和德莫斯梯尼杀害。

奥尼修斯一世""狄奥尼修斯二世"和"盖罗")。

Smerdis(斯莫迪斯)——冈比西斯二世胞弟,公元前522年被冈比西斯二世处死(参阅"冈比西斯")。

Social War("同盟者战争"、盟邦战争)——雅典的盟友,诸如罗得斯、凯俄斯、拜占庭等不服气雅典的掌控,借马其顿腓力二世入侵雅典之机,举兵反叛雅典。雅典不得不顾及这些反叛的盟友,也无法在抗击腓力二世战斗中采取主动行动。雅典被迫接受了盟友提出的条件,宣布这些盟友自由(公元前357年至公元前355年)①。

Socrates(苏格拉底)——古希腊著名哲学家。公元前406年阿吉努塞战役后,苏格拉底因毫无意义地反对包括著名政治家伯利克里之子在内的将军被定罪。雅典人以不敬神灵指控苏格拉底,苏格拉底被判处死刑,苏格拉底则自饮毒酒结束了生命(公元前399年)。

Solon(梭伦)——雅典著名演说家、立法者。在争取萨拉米所有权斗争中,梭伦充当了雅典人的领导者,因斯巴达人出面仲裁,结束了麦加拉战争。公元前594年,梭伦当选执政官,在雅典推行新宪法,主要为了解除人多数贫困负债者的困苦;梭伦改革了雅典的货币,使雅典能够与邻邦进行商品交换。出于政治目的,梭伦将公民分为四个等级,并组建了立法会议和公民大会,制定了《平乱法》,可剥夺那些拒绝投票的男性的公民权。梭伦还到埃及、塞浦路斯、小亚等地游历。伴随克利斯梯尼的崛起,梭伦逐渐退出政治舞台,于公元前558年故去。

1. Sophocles(索福克利斯)——伯罗奔尼撒战争中雅典将领(参阅"尤里麦顿")。

2. Sophocles(索福克利斯)——古希腊著名悲剧诗人②(公元前498年至公元前405年)。

Sphacteria(斯法克特利亚)——皮洛斯海湾一座岛屿,与美塞尼亚海岸隔海相望。皮洛斯投降后,斯巴达人在斯法克特利亚遭封锁(参阅"尤里麦顿")。

Sparta(斯巴达)——拉科尼亚的主要城市,在伯罗奔尼撒战争中被彻底削弱的雅典是斯巴达的主要对手。在伊帕米农达斯和底比斯人的不懈努力下,斯巴达失去了对底比斯的控制权。

Strymon(斯特里蒙)——哈尔基季基半岛东北部一条河流。波斯人入侵希腊初期,薛西斯为运送军队,曾在这条河上架设桥梁。

---

① "同盟者战争"不仅以雅典失败而告终,而且宣布了第二次海上同盟的瓦解。
② 古希腊最伟大的三位悲剧作家之一,著名作品包括《俄狄浦斯王》等。

Susa(苏撒)——波斯城市,大流士统治时期波斯帝国都城[1]。公元前330年被亚历山大大帝占领。

Sybota(西波塔)——埃庇鲁斯(Epirus)沿海一座岛屿。科尔库拉(即科孚岛)因与母邦城市科林斯发生争执,遭到入侵时,向雅典人求援,雅典派出一支舰队支援西波塔。公元前432年,在具有决定性意义的西波塔战役中,科林斯被迫撤退。这场冲突也成为伯罗奔尼撒战争爆发的原因之一。

Syracuse(叙拉古)——西西里一座城市,公元前8世纪由希腊城邦科林斯殖民者所建。公元前5世纪,叙拉古曾战胜伊达拉里亚人。伯罗奔尼撒战争中,叙拉古与雅典发生战争。在罗马人与迦太基人的布匿战争中,叙拉古先是与罗马人结盟,后又站在迦太基一方。公元前212年,叙拉古为罗马人征服。

---

[1] 人们熟悉的波斯帝国都城是波斯波利斯。

Tanagra(塔纳格拉)——阿索普斯河沿岸一座比奥提亚城市。公元前457年,斯巴达人在这里打败伯利克里指挥的雅典军队。

Taygetus(泰格图斯山)——横亘拉科尼亚南北的一座山脉,最高峰海拔2 438.4米(8 000英尺)。

Tearless Battle(无泪的战役)——斯巴达人与利科米德斯(Lycomedes)领导的阿卡迪亚人之间,发生在阿格利斯的米堤亚(Midea)的一场战斗。斯巴达国王阿格斯劳斯二世之子阿奇达姆斯指挥斯巴达人,打败了阿卡迪亚人。叙拉古僭主狄奥尼修斯以一支凯尔特人的军队支援斯巴达人。由于斯巴达人无一人阵亡,此次战役故此得名"无泪的战役"(公元前368年)。

Tegea(泰吉阿)——拉科尼亚边界阿卡迪亚人的重要城镇,公元前560年臣服斯巴达。公元前479年,泰吉阿人与斯巴达人、雅典人并肩作战,在普拉提亚抗击马尔多尼乌斯。

Ten Thousand(万人大撤退)——公元前401年,小居鲁士招募万余希腊雇佣军,向波斯帝国腹地进军,目的是推翻波斯国王。希腊雇佣军得知真相后,由色诺芬率领,历尽艰难险阻,行程数千公里,从巴比伦返回希腊。色诺芬根据这次万人大撤退,写下了著名的《长征记》(参阅"色诺芬")。

Thales(泰勒斯)——米利都或爱奥尼亚哲学学派的创始人(公元前624年至548年)[1]。

Thebes(底比斯)——卡德姆斯在比奥提亚中部建立的国家,亦即希腊神话之七英雄战争传说发生地。由于嫉妒雅典,底比斯拒绝加入反薛西斯联盟。公元前479年,普拉提亚战役之后,斯巴达国王鲍桑尼亚斯进军底比斯,惩罚"亲波斯派"(Medizing party,该派别支持波斯人或米底人)。公元前478年,鲍桑尼亚斯把该派别首脑人物转移至科林斯,在那里处以极刑。公元前382年,斯巴达将领弗庇达斯占领底比斯。伊帕米农达斯和佩罗匹达斯解放了底比斯。公元前336年,亚历山大大帝将底比斯摧毁。

Themistocles(迪米斯托克里斯)——雅典政治家,纽克莱斯(Neocles)之子[2]。迪米斯托克里斯的天赋远在同时代的亚里斯泰迪斯之上,但却无亚里斯泰迪斯的德行。迪米斯托克里斯以智力敏捷著称,也为国家和个人的卓越而努力,但却缺少亚里斯泰迪斯的自我克制力。对于迪米斯托克里斯而言,政治是一种交易。公元

---

[1] 泰勒斯为古希腊七贤之一,也是西方思想史上第一个留下名字、有记载的思想家,还是数学家和哲学家。泰勒斯所创建的哲学学派是希腊最早的哲学学派。据载,泰勒斯是历史上第一个预言日食的人。

[2] 希罗多德记载,迪米斯托克里斯为纽克莱斯之子。

前493年,迪米斯托克里斯当选执政官,在雅典港口庇里尤斯建造了防御工事,扩大并改革了海军;为了抵御波斯人的入侵,他组建了科林斯议会;薛西斯入侵希腊期间,他在帖萨利指挥战争。薛西斯逼近雅典时,迪米斯托克里斯主张雅典人撤离雅典。迪米斯托克里斯同薛西斯保持秘密联系,催逼薛西斯攻击由斯巴达将领尤里比亚德斯指挥的希腊联盟舰队,从而加速了薛西斯在萨拉米海战遭遇灭顶之灾。作为使者被派往斯巴达期间,迪米斯托克里斯故意拖延谈判时间,使雅典人有足够的时间重建和加固城墙。迪米斯托克里斯英雄末路,他的政敌对他实施陶片放逐。迪米斯托克里斯退隐阿果斯,遇见了斯巴达国王鲍桑尼亚斯,但迪米斯托克里斯从未参与任何阴谋。鲍桑尼亚斯死后,斯巴达监察官得到了鲍桑尼亚斯的文件,发现了迪米斯托克里斯的通信。尽管与迪米斯托克里斯没有牵连,但还是被召回接受审判。迪米斯托克里斯逃往阿尔塔薛西斯宫廷,后成为马格尼西亚的僭主,公元前460年故去[①]。

Thermopylae(德摩比勒隘口、温泉关)——帖萨利一处狭窄的关隘。公元前480年,因叛徒埃菲阿尔提斯出卖,李奥尼达连同300斯巴达壮士被薛西斯军队杀死。公元前352年,马其顿腓力二世在此地被希腊联盟军队击溃。

Thirty Tyrants(三十僭主)——雅典人对斯巴达名将吕山德打开城门时,条件之一是允许雅典召回那些被流放者。流亡者返回雅典后,民主政治被颠覆,建立了克里提亚斯领导的、由30人组成的寡头政权。寡头政权的管理专横暴虐,雅典人怨声载道。民主派和流亡人士在特拉斯布卢斯带领下想要废黜这些僭主。在庇里尤斯一次战役中,克里提亚斯被杀,寡头政权被驱逐,民主政治得以恢复(公元前403年)[②]。

Thirty Years' Peace(《三十年和约》)——伯利克里和卡里亚斯于公元前445年签订的、雅典与斯巴达之间的和约。和约终止,则直接引发了伯罗奔尼撒战争[③]。

Thucydides(修昔底德斯)——麦勒西亚斯之子,西蒙的亲属。修昔底德斯反对伯利克里的政策,于公元前443年遭陶片放逐。

Thucydides(修昔底德)——希腊著名历史学家(公元前471年至公元前400

[①] 因迪米斯托克里斯不愿意与自己的祖国为敌,在波斯人希望他出面和雅典交战时,迪米斯托克里斯饮鸩自尽。人们认为,迪米斯托克里斯保持了一位优秀政治家的晚节。

[②] 三十僭主的统治黑暗、暴虐、血腥,在其存在的短短8个月时间,被杀死的雅典人比伯罗奔尼撒战争后10年雅典战死的人数还要多。实际上,这样一个残暴的政府,竟然是斯巴达人的傀儡。

[③] 《三十年和约》是第一次伯罗奔尼撒战争的产物。和约失效后,爆发的是第二次伯罗奔尼撒战争。《三十年和约》的签订标志着雅典对外扩张达到了顶峰。

年),著有《伯罗奔尼撒战争史》一书。

Timoleon(泰摩利昂)——科林斯人,曾领导科林斯人讨伐狄奥尼修斯二世,解放了叙拉古。泰摩利昂在克里米苏斯河大败迦太基人,并暂时在迦太基人控制下保全了西西里(公元前340年)。尽管双目失明,定居叙拉古的泰摩利昂过着平静的生活,一直到公元前336年。泰摩利昂享有"解放者"之别号。

Tissaphernes(提沙费尔尼斯)——波斯总督,雅典与斯巴达战争期间,提沙费尔尼斯进入斯巴达,与斯巴达商讨支援他攻打雅典事宜,但阿尔西比亚德斯却使该项计划落空,阿尔西比亚德斯试图让提沙费尔尼斯改变初衷,转而支持雅典。阿尔西比亚德斯这样做的目的,是希望雅典能将他从流放地召回,但没有成功。库纳克萨战役之后,提沙费尔尼斯追击撤退的一万希腊人。提沙费尔尼斯征服了爱奥尼亚和伊奥利亚(Aeolian)沿岸希腊人的城市,并由此引发与斯巴达的战争,战败的波斯总督法纳巴祖斯替代提沙费尔尼斯。公元前395年,提沙费尔尼斯在同斯巴达国王阿格斯劳斯交战中失败,阿尔塔薛西斯下令将其枭首。

Tyrant(僭主)——僭主一词的词义并非指一个人的残暴统治,而是指一个人拥有至高无上的权力。古希腊的僭主时代从公元前650年持续到公元前500年,确切地说,伯罗奔尼撒战争期间,希腊出现了许多僭主,但在波斯人入侵之前,几乎所有的僭主都被推翻①。

Tyre(提尔、推罗)——腓尼基人的一座城市,坐落在一个岛屿上。公元前332年,经过长时间围攻之后,亚历山大大帝占领了该城市。

---

① 在古希腊,"Tyrant"并非暴君的同义词,主要指的是那些不是通过合法程序、未经公民授权,或通过军事政变僭取国家权力的人。古希腊许多城邦,如科林斯、阿果斯等城邦,都先后出现过僭主。僭主本身的作为、政绩差别很大,比如,雅典历史上第一个僭主庇西特拉图为民主政治的确立做出过贡献;"三十僭主"则是傀儡僭主。

U

Upland(山地派)——梭伦离开雅典之后,形成的三大派别之一。山地派代表的是农民、牧民和雇工的利益。庇西特拉图曾是山地派领袖。也正是在山地派的支持下,庇西特拉图在雅典建立了僭主政治。

X

Xanthippus(克桑提普斯)——雅典将军①,与斯巴达王利奥提基德一同于公元前479年战胜薛西斯,赢得米卡尔战役的胜利。

Xinophon(色诺芬)——雅典将军②,公元前401年库纳克萨战役之后,指挥了万名希腊人的撤退行动。

Xerxes(薛西斯)——即薛西斯一世,大流士一世之子和继承人(公元前486年至公元前465年)。薛西斯架桥渡过赫勒斯滂海峡,入侵希腊,在温泉关战胜李奥尼达斯;公元前480年,在阿特密西乌姆打败希腊舰队。同在公元前480年,薛西斯入侵比奥提亚,进军阿提卡,夺取雅典。萨拉米海战惨败后,薛西斯撤回亚洲。薛西斯麾下将领马尔多尼乌斯重新进入阿提卡,薛西斯亦随之返回。但薛西斯和马尔多尼乌斯于公元前479年,同鲍桑尼亚斯进行的普拉提亚战役中失败。也正是在公元前479年这一年,克桑提普斯和利奥提基德在米卡尔战役中战胜薛西斯,薛西斯在希腊的命运就此终结③。

---

① 克桑提普斯为雅典政治家伯利克里生父。
② 色诺芬还是古希腊著名历史学家、作家,为苏格拉底弟子。主要历史著作有《长征记》《希腊史》等。另有《回忆苏格拉底》《经济论》等著作。
③ 波斯帝国小亚总督马尔多尼乌斯为薛西斯的姐夫。

希腊罗马历史研究手册
XILA LUOMA LISHI YANJIU SHOUCE

下篇：罗马史

Achaean League(亚该亚联盟)——几乎所有伯罗奔尼撒人都参与的联盟,该同盟参与了罗马人对腓力五世的战争(参阅"马其顿战争")。马其顿在皮德纳战役中一败涂地,成为罗马行省后,罗马人与亚该亚诸城市之间爆发了战争,原因是罗马人的使节受到侮辱(公元前146年)。科林斯遭摧毁,所有希腊的城市、国家被迫向罗马人交纳年贡,并置于马其顿行省总督管辖之下①。

Achaia(亚该亚)——希腊的一个地区,位于科林斯湾和北阿卡迪亚山脉之间。这里的居民组成了亚该亚联盟。奥古斯都时代,希腊从马其顿行省中分离出来,组成了以亚该亚命名的独立行省。

Actium(亚克兴)——一座城市、海角和位于希腊西海岸的海湾,也是公元前31年屋大维与马克·安东尼海战的发生地。

Adrianople(哈德良堡、亚德里亚堡)——色雷斯中部一座城市②。公元311年,李锡尼乌斯(Licinius)在这里战胜马克西敏(Maximin)。公元378年,在同哥特人、西哥特人战争中,罗马帝国皇帝瓦伦斯(Valens)在哈德良堡战败被杀③。

Aeduans(伊都安斯)——占领勃艮第的一个高卢部落。公元前58年,在恺撒同赫尔西亚人交战中,伊都安斯与恺撒结盟。维辛格托里克斯(Vercingetorix)起义期间,伊都安斯支持阿尔韦尼安人(Arvernians)抵抗恺撒。

Aegates(埃加特斯群岛)——西西里西部群岛。公元前241年,盖乌斯·路塔提乌斯·卡图鲁斯(Gaius Lutatius Catulus)指挥罗马舰队在这里打败迦太基人和叙拉古人(参阅"第一次布匿战争")。

Aegidius(Count)〔埃吉狄乌斯(伯爵)〕——罗马帝国西部皇帝马约里安(Majorian)统治时期的高卢军政府首脑。埃吉狄乌斯居住在首都帕里斯(Paris),也是最后一批同日耳曼人进行斗争的罗马人中的一员。

1. Aemilius Paulus, Lucius(埃米里乌斯·鲍鲁斯,卢西乌斯)——执政官,瓦罗同僚,死于公元前216年的坎尼之役。

2. Aemilius Paulus, Lucius(埃米里乌斯·鲍鲁斯,卢西乌斯)——执政官卢埃米里乌斯·鲍鲁斯之子,斯奇皮奥·埃米利亚努斯(Scipio Aemilianus)之父,曾在

---

① 公元前146年,科林斯陷落后,希腊独立发展的历史宣告结束。希腊从此成为罗马的一部分。

② 哈德良堡因罗马帝国皇帝哈德良建造而得名。哈德良堡位于今天土耳其境内,邻近希腊和保加利亚边境。

③ 学术界认为,哈德良堡战役的失利是西罗马帝国灭亡的标志,也是传统步兵方阵战法没落的标志,骑兵优势得以彰显。在这次战役中,罗马军队4万人被消灭,几近帝国军队人数的一半。

公元前168年皮德纳战役中,打败马其顿国王珀尔修斯(Perseus)①。

Aequians(埃奎人)——地处罗马城东部山区一民族。埃奎人是罗马人的死敌,他们占据阿尔吉都斯山(Algidus),控制着拉丁大路,但被辛辛纳图斯(Cincinnatus)打败。公元前458年,埃奎人重新掌控了拉丁大道,却不得不将阿尔吉都斯山交给独裁官波斯图米乌斯(Postumius)。高卢人入侵罗马之后,埃奎人与沃尔斯其人(Volscians)、伊达拉里亚人(Etruscans)联手攻击罗马人,公元前386年,埃奎人被卡米鲁斯(Camillus)最后击败。

Aetius(埃提乌斯)——瓦伦提尼安三世统治时期的罗马军事将领、政治家②。曾在意大利担任要职的埃提乌斯,嫉妒罗马非洲行省总督波尼法斯(Boniface)得宠于皇太后普拉斯蒂娅(Placidia),导致埃提乌斯对皇太后不信任。出于对皇太后的担心,波尼法斯召集汪达尔人首领盖塞利克(Gaiseric),以及来自西班牙的汪达尔人,允诺在非洲给予他们土地(公元429年)。波尼法斯很快发现自己铸成大错,试图驱逐盖塞利克,没有成功,汪达尔人依然留在非洲。在一次冲突中,埃提乌斯杀死波尼法斯。管理帝国事务近20年时间里,埃提乌斯驱逐了入侵的勃艮第人、法兰克人和阿拉曼尼人。匈奴人在阿提拉(Attila)指挥下,渡过莱茵河,进入高卢。由于西哥特王提奥多里克(Theodoric)的援助,阿提拉在"民族战争"中被埃提乌斯打败,提奥多里克也在战争中丧生(公元452年)。同年,阿提拉卷土重来,越过朱利安阿尔卑斯山(Julian Alps),但应罗马主教里奥(Leo)之请求撤回。埃提乌斯的政敌指控他应对阿提拉入侵负责,致使瓦伦提尼安三世将埃提乌斯处死(公元454年)。

Aetolian League(埃托利亚联盟)——埃托利亚人为希腊北部一个民族,在同腓力五世战争中与罗马结盟。摆脱了马其顿人的统治之后,该同盟得到了大片土地,但并不以此为满足,联合安提奥库斯与罗马为敌。

Africa(阿非利加)——曾经被迦太基占领的领土。迦太基被毁灭后,这里成为罗马人一个行省,首都尤提卡(Utica)。盖乌斯·格拉古在这里建立了一个殖民地,名曰尤诺尼亚(Junonia)(参阅"恺撒""波尼法斯""汪达尔人"等)。

Ager Romanus(罗马公地)——罗马最初的领土。同盟战争结束后,罗马公地

---

① 公元前168年的皮德纳战役,是罗马人发动的第三次马其顿战争中一次具有决定性意义的战役,并被视为影响历史进程的经典战役之一。马其顿遭到彻底失败,不久并入罗马行省。

② 埃提乌斯(Flavius Aetius)出身于高卢的名门望族,生父有蛮族血统,曾担任骑兵长官。埃提乌斯生活的年代,罗马帝国已经一分为二,埃提乌斯长期出任帝国西部统帅,也曾是罗马帝国骑兵长官。埃提乌斯军事业绩突出,先后打败过匈奴人、法兰克人、勃艮地人和哥特人,被称为"最后的罗马人"。

范围扩大到整个意大利。

Agrarian Laws（土地法）——参阅"Sp. 卡西乌斯""G. 弗拉米尼努斯""提比略·格拉古"和"盖约·格拉古"。

Agri Decumates（阿格里区、阿格里戴可美特）——从莱茵河到多瑙河，罗马皇帝多米提安（Domitian）建立了许多要塞，以此缩减日耳曼人的领土。这些土地以阿格里区（1/10 的土地）为名，成为了罗马人的行省。

Agricola, Gnaeus Julius（阿格里克拉，盖尼乌斯·朱利乌斯）——罗马将军。公元 77 年，多米提安指派阿格里克拉征服不列颠。阿格里克拉成功降伏并统治了当地民众，多米提安却对阿格里克拉猜忌重重，将其召回罗马。

Agrigentum（阿格里琴托）——西西里南部港口，布匿战争初期为罗马人占领。

Agrippa, Marcus Vipsanius——（阿格里帕，马尔库斯·维普萨尼乌斯）奥古斯都时代罗马政治家①。奥古斯都为了表达自己对阿格里帕的敬重，将自己的女儿茱莉亚（Julia）嫁给阿格里帕。

1. *Agrippina*（阿格里品娜）②——奥古斯都外孙女，日耳曼尼库斯（Germanicus）之妻，卡利古拉和小阿格里品娜生母。卒于公元 33 年。

2. *Agrippina*（小阿格里品娜）——日耳曼尼库斯与阿格里品娜之女。小阿格里品娜为使自己与前夫所生儿子尼禄登基称帝③，毒死了丈夫（当朝皇帝）克劳狄乌斯（Claudius）。公元 59 年，尼禄下令处死了小阿格里品娜。

Ahriman（阿里曼）——波斯早期宗教马资达教（祆教、琐罗亚斯德教）中邪恶之神（参阅"马资达教"）。

Alamannians（阿拉曼尼人）——占据多瑙河与莱茵河之间土地的蛮族。阿拉曼尼人曾越过多米提安加强的要塞（参阅"阿格里区"），后于公元 213 年被卡拉卡拉皇帝击败，但后来阿拉曼尼人占领了上莱茵地区。法兰克人与阿拉曼尼人联手，越过罗马帝国边界，进入今天法国境内的阿尔萨斯地区。公元 357 年，朱利安（Julian）皇帝在今天的斯特拉斯堡（Strassburg）打败阿拉曼尼人。阿拉曼尼人与勃艮第

---

① 阿格里帕出身平凡，但却是屋大维——后来的奥古斯都的挚友。公元前 33 年，阿格里帕担任营造官期间，大力改造罗马城内市政基础设施，修复改造输水管道，罗马市容大为改观。公元前 31 年，阿格里帕帮助屋大维打赢了亚克兴海战，使屋大维得以独自一人入主罗马。

② 阿格里品娜也是阿格里帕的大女儿。由于阿格里帕的妻子是奥古斯都的女儿，故阿格里品娜是奥古斯都的外孙女。

③ 小阿格里品娜一共有过三次婚姻。第一次婚姻的丈夫即是尼禄的生父，第二任丈夫是一个富豪，第三任丈夫是当朝皇帝克劳狄乌斯。在罗马帝国历史上，小阿格里品娜是淫荡、狡诈、恶毒的代名词。小阿格里品娜生性放荡，与多个男人通奸，甚至与自己的亲生儿子乱伦。尼禄登基后，小阿格里品娜想要独揽朝纲，被尼禄派近卫军杀死。

人、法兰克人再度进犯,公元443年被埃提乌斯击溃。公元451年,阿拉曼尼人积极参与对阿提拉的"民族战争"。在罗马帝国最后的岁月里,阿拉曼尼人定居在东部高卢和高卢北部的法兰克,直至公元480年。

Alans(阿兰人)——起源于匈奴的蛮族。公元406年,霍诺利乌斯皇帝(Honorius)统治期间,阿兰人联合汪达尔人越过莱茵河,入侵高卢①。

Alaric(阿拉里克)——西哥特国王②,曾先后入侵希腊和意大利。公元402年在伯伦塔(Polenta),公元403年在维罗纳(Verona)两次被斯迪里克(Stilicho)打败。公元408年,阿拉里克利用饥馑攻陷了罗马城,并在公元409—410年再度攻占罗马。公元410年,阿拉里克死去,葬于布森托(Busento)河床。阿拉里克的妻弟阿陶尔夫(Athaulf)接替了他的统治。

Alba Longa (the Long White City)〔阿尔巴隆伽(白色的长条形城市)〕——拉丁联盟的主要城市③,公元前666年,被图鲁斯·霍斯提利乌斯(Tullus Hostilius)④治下的罗马征服。

Alesia(modern Alise)〔阿莱西亚(今天的阿里斯)〕——现代勃艮第地区的一座城市。公元前52年,恺撒曾在此地镇压了阿尔韦尼安人(Arvernian)首领维辛格托里克斯领导的起义⑤。

Alexandria(亚历山大里亚)——位于尼罗河口的一座古代城市,由亚历山大大帝建造⑥。在追击庞培(Pompey)时,恺撒曾在该城市登陆。

Algidus, Mount(阿尔吉都斯山)——参阅"埃奎人""奥鲁斯·波斯图米乌斯"。

---

① 阿兰人系占据黑海东北部草原的古代游牧民族。中国古代典籍对阿兰人有所记载,不清楚此处"起源于匈奴"有何依据。

② 阿拉里克实际为阿拉里克一世。阿拉里克(Alaric)是一个日耳曼语族的名字,意思是"所有人的统治者"。阿拉里克一世攻陷罗马城影响重大,因为自公元前390年高卢人攻克罗马城之后800年间,罗马号称"永恒之城"。阿拉里克一世二度攻陷罗马城,使"永恒之城"成为历史。

③ 阿尔巴隆伽位于古代拉丁姆(今天的意大利中部和罗马的东南部)。罗马起源传说——"母狼双婴"中的孪生兄弟即诞生在此地。

④ 图鲁斯·霍斯提利乌斯为罗马王政时代七王之第三王。

⑤ 该事件发生在恺撒最后一次远征(即第八次远征)高卢期间。恺撒软硬兼施,采取各种手段瓦解维辛格托里克斯的力量,最后将起义镇压下去。

⑥ 亚历山大里亚曾是古代世界国际化大都市,不仅吸引了世界各地的商客,也吸引了许多学者到这里研习各门学问。这里曾建有古代世界最大的图书馆,也是继雅典之后又一个古典文化中心。

Allia(阿里亚河)——一条发源于罗马17.7千米长的河流①。公元前380年,高卢人在此地打败罗马人。

Alps(阿尔卑斯山)——意大利北部山脉。海滨阿尔卑斯山把意大利和高卢、日耳曼分离开来;朱利安阿尔卑斯山穿过一个战争中多次争夺的、平缓的隘口,通向多瑙河流域。

Ambarvalia(罗马人的绕田节)——罗马人祈求土地赐福的宗教游行,每年5月底举行,主要为了祭祀谷物女神塞莱斯(Ceres)。

Ancus Marcius(安库斯·马尔西乌斯)——继承图鲁斯·霍斯提利乌斯王位的贵族王(公元前641年至公元前617年)②。安库斯·马尔西乌斯把罗马征服的地区扩大到台伯河北岸,并建造了奥斯提亚港。

Antiochus(安提奥库斯)——叙利亚国王。安提奥库斯(三世)曾是马其顿腓力五世的盟友③,但在辛诺塞法利亚(Cynosephalae)战役之前,背弃了腓力五世(参阅"马其顿战争")。

Antoninus Pius(安东尼乌斯·皮乌斯)——罗马帝国"五贤帝"之第四帝,安东尼王朝(公元138—161年)第一帝。安东尼乌斯·皮乌斯在位期间,帝国境内相安无事,一片和平景象。

Antonius, Marcus (Mark Antony)〔安东尼乌斯,马尔库斯(马克·安东尼)〕——公元前49年,内战初期任保民官,公元前44年和朱利乌斯·恺撒一起出任执政官。谋杀恺撒的凶手们对他和雷必达(Lepidus)网开一面。恺撒遇刺身亡后,安东尼权势大增,与屋大维、雷必达一起组成了后三头同盟。公元前42年,安东尼在腓力比(Philippi)战役中,打败保民官卡西乌斯(Cassius)后,统治东方,并与克利奥帕特拉(Cleopatra)联合。安东尼曾与屋大维的姐姐屋大维娅(Octavia)结婚,但和屋大维娅离婚后,与克利奥帕特拉结合。罗马人对安东尼的行径异常恼怒,屋大维借机出兵征讨安东尼,在公元前31年亚克兴战役中,打败安东尼,安东尼和克利奥帕特拉双双自杀身亡。

Apennines(亚平宁山脉)——亚平宁山脉起始于海滨阿尔卑斯山脉,延伸至意大利半岛,最远抵达西西里岛。

---

① 台伯河的支流,也是著名的阿里亚之战的发生地。
② 安库斯·马尔西乌斯为罗马王政时代七王之第四王。据载,安库斯·马尔西乌斯是萨宾人,也是王政时代第二王努玛外孙。
③ 安提奥库斯即安提奥库斯三世,亦被称为安提奥库斯大帝,为塞琉古王国第六代国王。安提奥库斯三世在位期间发动了对东方的战争,使塞琉古王国重新控制了东方。同罗马人战争失败后,塞琉古元气大伤。公元前187年,安提奥库斯三世带兵出征期间被杀。

Appian Way(阿皮安大道)——从罗马城至卡普亚(Capua)第一条军用公路,由阿庇乌斯·克劳狄乌斯主持修建。该公路许多地段今天依然保存完好①。

Apulia(阿普里亚)——意大利北部一个地区,奥斐都斯河流经该地区(参阅"汉尼拔")。

Aquae Sextiae(modern Aix)〔阿凯·塞克斯提亚(现代法国的埃克斯)〕——南部高卢一座城市(参阅"辛布利人")。

Aquileia(阿奎利亚)——意大利东北部一座城市,位于亚得里亚海滨。曾经阻击马克曼尼人(Marcomanni)的马尔库斯·奥莱利乌斯(Marcus Aurelius)在位期间,阿奎利亚遭受马克曼尼人的袭击②。马克曼尼人是导致罗马帝国灭亡的日耳曼人第一支部落。公元452年,阿奎利亚被阿提拉摧毁。

Aquitania(阿奎塔尼亚)——恺撒划分的三个高卢区域之一:北部的贝尔吉卡(Belgica)、中部的卢格顿尼西斯(Lugdunensis)、西南部的阿奎塔尼亚③。这些区域即著名的"*Tres Oalliae*"。

Aransio(modern Orange)〔阿兰西奥(今天法国的奥朗日)〕——高卢南部一座城市,位于罗恩(Rhone)河畔。公元前105年,辛布利人(Cimbri)和条顿人(Teutons)在这里大败罗马人。

Arcadius(阿卡狄乌斯)——迪奥多西乌斯(Theodosius)一世之子,公元395—408年在位,为帝国东部皇帝,由卢斐努斯(Rufinus)辅佐④。他的统治无足轻重。

Archimedes(阿基米德)——保卫叙拉古的伟大数学家,在罗马军队劫掠叙拉古时遭杀戮(参阅"布匿战争")。

Ariovistus(阿利奥维斯图斯)——越过莱茵河,进入高卢的日耳曼国王。公元前58年,被恺撒打败。

Arius(280-336 A.D.)〔阿里乌斯(公元280—336年)〕——亚历山大里亚

---

① 阿皮安大道拉丁语为"*via Appia*"。是出身名门的监察官阿皮乌斯(Appius Claudius)主持修建的罗马第一条高等级公路。阿皮安大道修建时,第二次萨谟奈战争正在进行。为了筹措修公路的资金,阿皮乌斯甚至自掏腰包。阿皮安大道不仅开启了"条条大路通罗马"的序幕,也为后来的高等级公路建设树立了典范。此后,罗马人修筑的公路皆以主持修建者的名字命名,并且可以根据实际需要,不断向前延伸。比如,阿皮安大道后来一直延伸到意大利半岛西南端的布伦迪西乌姆(Brundisium)。

② 阿奎利亚作为罗马人的一个前哨基地,建于公元前182年,由此成为军事重镇。因地理位置重要,多次遭到外敌攻击。

③ 阿奎塔尼亚是高卢西南与罗马的分界线。

④ 迪奥多西乌斯一世统治期间,罗马帝国正式一分为二,阿卡狄乌斯实际上是东罗马帝国第一任皇帝。在位初期受卢斐努斯左右,后将卢斐努斯废黜。

有学问的牧师,公元325年尼西亚会议上两派之一派首领①。

Arnus（modern Arno）〔阿努斯河（现代意大利境内的亚诺河）〕——伊达拉里亚北部一条河流,注入托斯卡纳或第勒尼安海。第二次布匿战争中,罗马人与汉尼拔在此地数次交锋。

Arpinum（阿尔庇努姆）——拉丁姆一城市,西塞罗、马略的诞生地。

Arvernians（阿尔韦尼安人）——参阅"辛格托利克斯"和"恺撒"。

Asculum（阿斯库鲁姆）——翁布里亚（Umbria）一城市,靠近亚得里亚海。公元前279年,皮洛士在此地大败罗马人。

Asiatic War（亚洲战争）——埃托利亚人不满于马其顿战后协议规定的份额,联合叙利亚国王安提奥库斯,进攻罗得斯和帕加马国王尤米尼斯（Eumenes）。罗得斯人和尤米尼斯系罗马人盟友,罗马人自然会支持罗得斯人和尤米尼斯。罗马人得到了马其顿腓力五世、彼泰尼亚（Bithynia）国王普卢西亚斯二世（Prusias）,以及亚该亚人的支援。公元前191年,安提奥库斯三世及其盟友第一次在德莫比利（温泉关）遭败绩,在随后的公元前190年,又在马格尼西亚（Magnesia）被罗马人打败。尽管如此,安提奥库斯却为汉尼拔的建议所操控,而札马（Zama）战役获胜者之兄卢西乌斯·斯奇皮奥·亚细亚梯库斯（Lucius Scipio Asiaticus）指挥罗马人赢得了马格尼西亚的辉煌胜利。和平协议签署后,尤米尼斯的控制权扩大,罗得斯人也得到了宝贵的领土。

Athanasius（296－373 A.D.）〔阿塔纳西乌斯（公元296—373年）〕——亚历山大里亚著名牧师,公元325年召开的尼西亚会议中两派之一派首领②。

Athaulf（Atawulf）（阿陶尔夫）——西哥特国王阿拉里克一世的妻弟,继承阿拉里克一世的王位,成为西哥特国王。阿陶尔夫的政策是同罗马人保持和平,因此,阿陶尔夫在拉文纳（Ravenna）同霍诺利乌斯皇帝举行会谈,西哥特人退回至高卢,在那里定居,一直到"篡位者"君士坦丁（Constantine the Usurper）被推翻的公元412年。阿陶尔夫爱恋霍诺利乌斯的妹妹加拉·普拉斯蒂娅（Galla Placidia）。这位公主是哥特人的俘虏。霍诺利乌斯反对这桩婚事,因为霍诺利乌斯已经决定把妹妹嫁给推翻"篡位者"君士坦丁的朝臣康斯坦提乌斯（Constantius）。但这对恋人不顾皇帝的命令,举行了婚礼。不久,康斯坦提乌斯强迫阿陶尔夫离开高卢,前往

---

① 此次尼西亚会议为第一次尼西亚会议。会议召开的地点在小亚的尼西亚,并颁布了对基督教发展产生重要影响的《尼西亚信经》。

② 阿塔纳西乌斯是基督教历史上的重要人物,曾在亚历山大里亚城任主教。他和阿里乌斯是尼西亚会议上争论最为激烈的两个长老。他的思想主张和阿里乌斯分歧巨大,阿塔纳西乌斯也因此遭到打击迫害。

西班牙。公元415年,阿陶尔夫在巴塞罗那遇刺身亡,康斯坦提乌斯迎娶普拉斯蒂娅为妻①。

Attalus Ⅲ.(阿塔鲁斯三世)——帕加马末代国王,曾将他的领土——西部小亚遗赠给罗马人。

Attila(阿提拉)——古代匈奴人最伟大的皇帝(公元406—453年)。匈奴帝国在阿提拉统治之下达到了全盛时代,阿提拉多次率领军队进攻东西罗马帝国,史学家称其为"上帝之鞭"(参阅"匈奴人")。

Aufidus(奥斐都斯河)——意大利南部一条河流,注入亚得里亚海。坎尼城即在奥斐都斯河岸边。公元前216年,汉尼拔曾使瓦罗指挥的罗马军队在坎尼全军覆没。

Augurs(占卜官)——罗马历史上,对各种预兆进行解释的祭司团成员。

Augustus(Gaius Julius Caesar Octavianus Augustus)〔奥古斯都(盖乌斯·朱利乌斯·恺撒·奥克塔维雅努斯·奥古斯都)〕——朱利乌斯·恺撒侄孙,恺撒曾收养其为继承人。屋大维和安东尼、雷必达组成后三头同盟,并在腓力比打败布鲁图斯(Brutus)和卡西乌斯(Cassius)——两个刺杀恺撒的凶手,三头同盟的权力得到确认。屋大维于公元前31年进攻安东尼和克利奥帕特拉,并在亚克兴将敌手打败(参阅"安东尼乌斯")。吞并埃及后,屋大维返回罗马庆祝胜利。公元前27年,随着安东尼死去,以及雷必达退出政治舞台,三头同盟宣告终止。元老院主动将"奥古斯都·英白拉多"(Augustus Imperator)的名号授予屋大维,由此拉开了帝国的帷幕。奥古斯都征服了下多瑙地区,将其称为莫西亚(Moesia);接下来又占领了北部意大利远至多瑙河的拉埃提亚(Raetia)和诺里库姆(Noricum)的广大领土②。奥古斯都的两个继子提比略、德鲁苏斯(Drusus)指挥了这次征服战争。罗马人的统治区域从莱茵河扩展到易北河(Elbe)。日耳曼举兵反抗罗马统治,卢西乌斯·瓦鲁斯(Lucius Varus)奉命前往镇压,但在条顿堡(Teutoburg)森林遭到惨败③。这场灾难令奥古斯都无限悲伤,并于公元14年死去。奥古斯都在位时期被称为黄金时

---

① 阿陶尔夫遇刺身亡后,罗马人以60万斗小麦将普拉斯蒂娅赎回,方得以与康斯坦提乌斯完婚。康斯坦提乌斯也成为当朝共治皇帝,与霍诺利乌斯同执帝国权柄。普拉斯蒂娅后成为罗马帝国历史上著名的皇太后。

② 奥古斯都征服这两个地区后,分别建立了两个行省。公元前15年,罗马人占领了拉埃提亚,位于今天的瑞士境内,紧邻意大利的部分领土。公元前16年,罗马人占领了诺里库姆,为阿尔卑斯山脉东部和多瑙河上游地区。

③ 这场战役的失利是罗马军队历史上著名的惨痛失败之一,罗马军团2万余官兵,生还不足百人。史载,奥古斯都听说3个精锐军团全军覆没后,痛苦不堪,声嘶力竭地叫喊:"瓦鲁斯!把我的军团还给我!"

代,维吉尔、贺拉斯、普罗佩提乌斯(Propertius)、李维、尼波斯(Nepos),以及有文人保护者之称的麦塞纳斯(Maecenas)都生活在这一时期。

Aurelian(奥莱里安)——罗马帝国皇帝,公元270—275年在位。尽管奥莱里安出身农民家庭,但他本人并非平庸之辈。奥莱里安继承了在位仅仅两年、死于瘟疫的克劳狄乌斯·哥特库斯(Claudius Gothicus)的王位。在西方,僭主们建立了一个包括高卢、不列颠,以及部分西班牙在内的帝国①,此时被提特里库斯(Tetricus)侵占。奥莱里安清楚,他不可能像图拉真那样征服多瑙河对岸,于是他便把这一地区留给了哥特人。阿拉曼尼人入侵波河流域,但被奥莱里安打败②。奥莱里安被迫向帕尔米拉女王芝诺比娅(Zenobia)发兵,因为芝诺比娅撕毁了与罗马人的盟约,把边界扩大至埃及和部分小亚地区。公元273年,奥莱里安打败并俘虏芝诺比娅,摧毁了帕尔米拉。奥莱里安着手打败提特里库斯,恢复帝国西部的统治。临死之前,奥莱里安实现了他的目标③。

Aurelius, Marcus(奥莱利乌斯,马尔库斯)——罗马帝国皇帝,公元168—180年在位④。奥莱利乌斯是安东尼乌斯·皮乌斯(Antonius Pius)皇帝的养子,安东尼乌斯·皮乌斯死后,奥莱利乌斯继承王位。由同帕提亚人(Parthians)作战的罗马军队带回的瘟疫在罗马爆发。人们把这场瘟疫归咎于基督徒,恐怖的大迫害发生于公元177年。奥莱利乌斯在位期间,绝大多数时间忙同马克曼尼人,以及其他小部落的战事。公元180年,奥莱利乌斯猝死在文达伯纳(Vindabona,今天的维也纳)。

Auspices(预兆、前兆)——通过观察天空中鸟的飞行、叫声占卜的一种方法。对各种预兆、前兆的观察由占卜官进行,他们对各种天兆的解释,决定某项预期的行动进行与否。

Aventine(阿文丁山)——塔克文统治时期并入罗马领土的一座较高的山丘。平民被指定在这里居住(参阅"特伦提利安法案")。阿文丁山上建有戴安娜神庙,同维艾人战争之后,山上建造了朱诺(Juno)神庙。

---

① 此为罗马帝国三世纪危机期间,一些拥兵坐大的割据势力建立的分裂政权。据载,这些割据势力建立的政权前后达30个之多,故被称为"三十僭主"。人们认为,这样的称谓是借用了希腊历史上的"三十僭主"之称。

② 公元271年,奥莱里安在意大利北部进行了三次战争,两胜一负,最终击退了阿拉曼尼人的入侵。

③ 奥莱里安(Lucius Domitius Aurelianus)属于罗马帝国三世纪危机期间有作为的皇帝。他在位期间,收复了罗马人大片失地,使罗马帝国重新统一。奥莱里安最大的政绩之一是修复了罗马城的城墙。城墙全长19千米,平均高度为6米。今天人们见到的罗马城墙,多为奥莱里安在位期间修筑加固的城墙。

④ 奥莱利乌斯为罗马帝国历史上著名"五贤帝"之一。奥莱利乌斯死后,罗马帝国和平强大的历史随之结束。

Battle of the Peoples（452 A. D.）〔民族战争（公元452年）〕——这场战争的发生地应在查隆斯（Chalons）之南，塞纳河梅里附近（Mery – sur – Seine），今天法国奥布（Aube）省境内。在这场战争中，埃提乌斯在提奥多里克（Theodoric）帮助下，战胜了阿提拉和匈奴人。

Belgica（贝尔吉卡）——恺撒划分的三个高卢区域之一，即恺撒征服高卢后设置的"比利时高卢"——Gallia Belgica（参阅"阿奎塔尼亚"）。

Beneventum（比尼文图姆）——南部意大利一城市，位于那不勒斯东南。M. 库利乌斯·邓塔图斯（Curius Dentatus）指挥罗马人，于公元前275年在比尼文图姆战胜皮洛士。

Bithynia（彼泰尼亚）——小亚北部罗马一行省。亚洲战争期间，普卢西亚斯（Prusias）二世治下的彼泰尼亚与罗马结盟，成为罗马人一个行省。在庞培打败普卢西亚斯二世之后，米特拉达梯（Mithradates）所控制的大片领土也并入彼泰尼亚行省。彼泰尼亚的主要城市尼克米迪亚（Nicomedia），戴克里先统治时期为帝国东部首都。

Boniface（波尼法斯）——参阅"埃提乌斯"。

Britain（不列颠）——公元前54年，恺撒踏上不列颠领土。公元43年，不列颠被罗马皇帝克劳狄乌斯征服，成为罗马帝国一个行省。三十僭主时期，不列颠归提特里库斯一世管辖。戴克里先重新整顿不列颠，后由"篡位者"君士坦丁统辖（公元408年）。罗马军队逐步撤离不列颠后，被遗弃的不列颠人遭受苏格兰攻击。不列颠人向撒克逊人求援，标志着盎格鲁 – 撒克逊时代的开始（公元450年）。

Britannicus（布列塔尼库斯）——克劳狄乌斯皇帝与美萨丽娜（Messalina）之子。布列塔尼库斯本应继承克劳狄乌斯的王位，但克劳狄乌斯第二任妻子小阿格里品娜说服克劳狄乌斯，把王位传给她与前夫所生的儿子尼禄。布列塔尼库斯后被尼禄下令毒死。

Brutus, Decimus Junius（布鲁图斯，戴西姆斯·尤尼乌斯）——反对恺撒的阴谋者之一。恺撒死后，布鲁图斯退守山南高卢，后被安东尼彻底打败。

Brutus, Lucius Junius（布鲁图斯，卢西乌斯·尤尼乌斯）——罗马贵族，曾领导民众驱逐塔克文，并成为共和国第一任执政官[①]。

Brutus, Marcus Junius（布鲁图斯，马尔库斯·尤尼乌斯）——谋杀恺撒凶手之一。谋杀恺撒之后，布鲁图斯与卡西乌斯联手，在腓力比与安东尼和屋大维交战。公元前42年，布鲁图斯战败后自杀。

[①] 卢西乌斯·尤尼乌斯·布鲁图斯是罗马史上备受推崇的人物，在罗马史上占有特殊重要的地位，不仅是罗马共和国第一任执政官，而且被罗马人视为罗马共和国的缔造者之一。

Burgundians(勃艮第人)——蛮族中的一支,领土范围在奥德河(Oder)沿岸。霍诺利乌斯(Honorius)统治期间,勃艮第人挺进莱茵河,并定都沃尔姆斯(Worms)。和阿拉曼尼人、法兰克人一样,勃艮第人于公元443年继续向西进军,但被埃提乌斯击溃。

Burrhus(布鲁斯)——尼禄手下近卫军长官,后被提格里努斯(Tigellinus)取代。

Busento(布森托河)——南部意大利一条河流,西哥特国王阿拉里克一世埋葬于此。

Byzantium(拜占庭)——位于黄金角和普罗庞梯斯海(马尔马拉海)之间的希腊人殖民地。公元328年,君士坦丁大帝将其设为罗马帝国的新都城,名曰君士坦丁堡。

Caere(凯瑞)——意大利西海岸塔奎尼(Tarquinii)附近一座伊达拉里亚人的城市①，人们在这里发现了塔克文的墓葬。公元前353年，凯瑞并入罗马版图。

Caesar, Gaius Julius(恺撒，盖乌斯·朱利乌斯)——年轻贵族，被怀疑参与了喀提林阴谋。恺撒同庞培、克拉苏(Crassus)组成了前三头同盟，并于公元前59年当选执政官。作为卸任执政官，恺撒得到了三个行省的统治权：山南高卢、伊利里库姆(Illyricum)和山外高卢(Transalpine Gaul)。恺撒帮助克洛狄乌斯(Clodius)放逐了西塞罗。公元前55年，元老院将恺撒在高卢的统治时间延长5年，庞培获得了西班牙的控制权，克拉苏则得到了叙利亚的统治权。公元前58年，恺撒在同赫尔维西亚人(Helvetians)，以及阿利奥维斯图斯指挥的日耳曼人的作战中接连获胜②。公元前54年，恺撒到不列颠探察，但无任何重要结果。公元前52年，恺撒不得不面对维辛格托里克斯率领的、可怕的高卢人暴动③。恺撒在围攻阿莱西亚时，将高卢人打败，并彻底征服了高卢。恺撒要求竞选公元前48年执政官。罗马法律规定，竞选者必须本人在罗马城，而且在没有卸任代行执政官之前，不得参加执政官竞选。该项法律规定已闲置多时，就恺撒而言，三头同盟同意他可以不解除兵权，参加执政官竞选。但庞培嫉妒恺撒的成功，没有让恺撒获得法律上的特许，并得到了掌控对手的权力。公元前49年，恺撒渡过卢比孔河(Rubicon)，庞培被迫逃离罗马。庞培在一些元老陪同下，逃至帖撒罗尼卡(Thessalonica)，并在那里组建了一个与罗马城恺撒对立的政权。恺撒将西班牙纳入自己的管辖范围，占领了重要城市马西利亚(Massilia，即今天的马赛)。恺撒成为独裁官，而后又成为公元前48年执政官。恺撒调整了国家财政，对负债人的处境给予了特殊的关注。恺撒追击庞培，在狄拉齐乌姆(Dyrrachium)遭败绩，但在公元前48年帖萨利的法萨鲁(Pharsalus)战役中取得决定性胜利。庞培逃至埃及，恺撒追踪而至。登陆亚历山大里亚时，恺撒发现埃及人按照托勒密(Ptolemy)的命令，已将他的老对手斩首。恺撒以克利奥帕特拉取代了被剥夺王位的埃及国王托勒密(公元前48年)。公元前47年，小亚本都国王、米特拉达梯之子法纳西斯(Pharnaces)起兵反叛，但被恺撒快速

---

① 塔奎尼位于罗马城的西北部，伊达拉里亚同盟的首脑，公元前4世纪被罗马人打败，公元前3世纪失去独立。中世纪被阿拉伯人攻陷。

② 阿利奥维斯图斯为日耳曼人骁将，能征善战。阿利奥维斯图斯曾与罗马人交好，元老院称他是"罗马人的朋友"。但在阿利奥维斯图斯攻陷高卢后，对高卢实施残暴统治，高卢人怨恨不已，向罗马人求援，恺撒便以"解放者"身份进入高卢。公元前58年，恺撒打败阿利奥维斯图斯。战败后不久，阿利奥维斯图斯死去。

③ 维辛格托里克斯系高卢阿尔韦尼安人首领，领导高卢人发动起义，试图摆脱恺撒的统治，对罗马人进行最后的抵抗。战败后的维辛格托里克斯成为恺撒的阶下囚，公元前46年在罗马被处死。

平息。恺撒所使用的著名的"3V"：Veni、Vidi、Vici——"我到、我见、我胜"生动描述了恺撒打败法纳西斯时的兵贵神速。之后，恺撒二度担任独裁官，以超乎寻常的能力平定了军队的叛乱，于公元前46年，在塔普苏斯（Thapsus）战胜麦特鲁斯·斯奇皮奥（Metellus Scipio）指挥的包括恺撒的政治敌手在内的军队。恺撒返回罗马，举行了隆重的凯旋仪式，并三度成为独裁官。庞培党或共和派遭遣散。庞培的两个儿子：格内乌斯（Gnaeus）和塞克斯图斯（Sextus）在西班牙组建独立的政权，但公元前45年在蒙达（Munda）被恺撒消灭。恺撒得到了大将军头衔，也由此确立了一种君主立宪政体，终结了共和国（公元前44年）。恺撒的权力引起了不满和妒恨。一个谋杀恺撒、建立共和国的阴谋形成。公元前44年3月15日，恺撒被谋杀（参阅"第二次内战"）。

Caligula（Gaius）〔卡利古拉（盖乌斯）〕——罗马皇帝，公元37—41年在位，日耳曼尼库斯与阿格里品娜之子，提比略继承人①。卡利古拉继位曾受到罗马人欢迎，但人们的兴奋和热情很快冷却。卡利古拉是一个反复无常、暴虐无度、嗜血成性的君主。公元前41年，卡利古拉被近卫军军官杀死，结束了朱利安·恺撒家族成员登基称王的历史。

Calpurnius Piso（卡普尔尼乌斯·皮索）——日耳曼尼库斯手下一军官，人们怀疑他毒死了日耳曼尼库斯。

Camillus, Marcus Furius（卡米鲁斯，马尔库斯·弗利乌斯）——公元前396年夺取伊达拉里亚维艾城的独裁官。公元前390年，侵占罗马的高卢人撤退之后，卡米鲁斯进行了军事战术改革，并征服了与罗马为敌的邻邦：维艾人、沃尔斯其人、艾奎人和伊达拉里亚人。

Campania（坎帕尼亚）——意大利西南部一地区，通过利里斯（Liris）河谷与罗马连接。

Campus Martius（马尔斯校场）——位于卡皮托林山和台伯河之间的一块平地，最初四周建有围墙。这里曾用作练兵场和举行阅兵式的场地。后来，罗马人在这里进行选举活动。

Cannae（坎尼）——阿普里亚一城市，位于奥斐都斯河岸边。公元前216年，汉尼拔在此地全歼瓦罗指挥的罗马军队。

Canuleian Law（坎努里安法、坎努里阿法）——该法案废除了平民与贵族之间

---

① 卡利古拉是这位皇帝的绰号，意为"小军靴"，其官方名号是盖乌斯。卡利古拉是罗马帝国历史上第三任皇帝，不仅以残暴闻名，而且也是一个穷奢极欲的皇帝，是帝国早期历史上的典型暴君。

不得通婚的限制①(参阅"十二铜表法")。

Capitol(卡皮托尔)——罗马城内朱皮特主神庙,塔克文统治时期建于卡皮托林山顶。

Capitoline(卡皮托林山)——罗马七丘之一,罗马城堡所在地。

Capreae(modern Capri)〔卡普里亚(现代卡普里)〕——那不勒斯湾一岛屿,罗马皇帝提比略曾在这里度过了生命中的最后时光。

Capua(卡普亚)——古代坎帕尼亚一城市,靠近托斯卡纳(Tuscan)海岸。第一次萨谟奈战争中,罗马人占领了卡普亚。罗马人在坎尼战役惨败后,卡普亚曾落入汉尼拔之手。

Caracalla(Antoninus)〔卡拉卡拉(安东尼乌斯)〕——罗马帝国皇帝,公元211—217年在位。塞普提米乌斯·塞维鲁斯(Septimius Severus)死后,将王位传给了两个儿子:盖塔(Geta)和卡拉卡拉。一年后,卡拉卡拉杀死盖塔,独掌皇权。卡拉卡拉是一个有能力的士兵,但他生性残暴,冷酷无情。公元212年,卡拉卡拉将公民权授予全体罗马行省居民,并于公元213年战胜阿拉曼尼人。公元217年,卡拉卡拉被手下近卫军长官马克里努斯(Macrinus)杀死。卡拉卡拉所建卡拉卡拉浴场是罗马城最引人注目的标志性建筑之一②。

Carrhae(卡莱)——帕提亚一城市。公元前55年,在卡莱附近,前三头之一的克拉苏,在同帕提亚国王奥罗得斯(Orodes)交战中遭败绩③。

Carthage(迦太基)——非洲北部沿岸的重要城市,也是罗马人最强大的对手。迦太基的废墟位于现代突尼斯城附近。公元前343年,迦太基同罗马签订条约,条约对拉丁诸城市非常有利。迦太基人在哈米尔卡(Hamilcar)、哈斯德鲁巴(Hasdrubal)和汉尼拔带领下,同罗马人进行了长时间的战争。公元前146年,在罗马将军斯奇皮奥·埃米利亚努斯(Scipio Aemilianus)指挥下,经过三年围困之后,攻陷并摧毁了迦太基城④。

Cassius, Spurius(卡西乌斯,斯普里乌斯)——罗马执政官,他所签订的条约导

---

① 《坎努里阿法》公元前485年获得通过,被视为平民反对贵族斗争中的一项重要成果。

② 卡拉卡拉浴场是世界上最大的浴场之一,长375米,宽363米,可同时容纳2 000人洗浴。

③ 此次战役即著名的卡莱战役,也是帕提亚骑兵横扫罗马军团的典型战例。撤退中的克拉苏被帕提亚人活捉。帕提亚人将熔化的黄金倒入克拉苏口中,克拉苏惨死于帕提亚人之手。伴随克拉苏出征的5万罗马军队,仅有不足1万人生还。

④ 罗马人同迦太基人共进行了三次布匿战争。最后一次发生在公元前149年至公元前146年。罗马人围困迦太基城三个年头,最后经过六昼夜激战,攻陷迦太基城,并血洗了这座古城,焚城大火燃烧了三天三夜。全城25万居民只有约5万人幸存,被罗马人悉数卖为奴隶。

致了拉丁同盟(12座独立城市),以及为抵抗萨宾人(Sabines)、沃尔斯其人和埃奎人的赫尔尼康人(Hernican)同盟等"三角联盟"的出现(公元前486年)。人们怀疑卡西乌斯有称王野心,于公元前485年将其处死。卡西乌斯是土地法的发起人,在土地法中,卡西乌斯主张的观点是将公共土地(战争中获得的土地)分配给平民。

Cassius, Quintus(卡西乌斯,昆图斯)——马克·安东尼的保民官同僚。

Cassius Longinus, Gaius(卡西乌斯·隆吉乌斯,盖乌斯)——杀害朱利乌斯·恺撒的凶手之一,曾出任叙利亚总督。公元前42年,在腓力比战场上自杀。

Catiline (Lucius Sergius Catilina)〔喀提林(卢西乌斯·塞尔吉乌斯·喀提林纳)〕——公元前63年阴谋反对元老院的贵族。这场阴谋被西塞罗发现,参与暴乱的军队在伊达拉里亚被击败,喀提林被杀①。

1. Cato, Marcus Porcius (Cato the Censor, 232 - 147 B. C.)〔加图,马尔库斯·波尔西乌斯(监察官加图,公元前232年至公元前147年)〕——许多年里,加图充当着罗马重要政治家的角色②。加图一身正气,能力超群,也是希腊影响的强硬抵制者。加图创作了多部著述,其中包括对农业的论述,也有关于罗马起源和历史的研究。担任监察官期间,加图在元老院会议厅和卡皮托林山之间建立了法院,名曰"巴西利卡·波尔西亚"(Basilica Porcia)。加图坚定地主张摧毁迦太基。

2. Cato, Marcus Porcius(加图,马尔库斯·波尔西乌斯)——阿非利加境内的共和派领袖之一③。战场上,加图和麦特鲁斯·斯奇皮奥(Metellus Scipio)同为军队指挥官,占领了尤提卡。公元前46年,在非洲的共和派最后被恺撒在塔普苏斯打败,加图闻讯后自杀身亡。

Catullus, Quintus Valerius(卡图鲁斯,昆图斯·瓦莱利乌斯)——最伟大的拉丁抒情诗人之一,生于公元前87年。

1. Catulus, Gaius Lutatius(卡图鲁斯,盖乌斯·路塔提乌斯)——罗马执政官,曾于公元前241年在埃加特斯群岛战役中指挥罗马舰队④。

2. Catulus, Gaius Lutatius(卡图鲁斯,盖乌斯·路塔提乌斯)——马略的执政官同僚。公元前100年,卡图鲁斯和马略在维切里(Vercellae)附近的波河河谷劳迪

---

① 喀提林曾依附苏拉,在苏拉公敌宣判中充当急先锋。喀提林担任过大法官,出任过阿非利加行省总督。人们认为,官场失意、债务缠身、政治野心是喀提林从事阴谋活动的主要原因。公元前62年,庇斯托利亚(Pisturia)战役中,喀提林在与共和国军队交战中败北,被杀。

② 监察官加图也被称为老加图。老加图堪称罗马共和国传统、旧原则的卫道士,旗帜鲜明地反对罗马人与东方、希腊文化接触,被视为典型的保守派人物。

③ 此处的加图为小加图——监察官加图的曾孙。和老加图一样,小加图在政治上倾向保守。

④ 罗马人在埃加特斯群岛附近击败的迦太基增援西西里的舰队。

亚平原(Raudian Fields)彻底打败辛布利人(参阅"马略")。

Caudine Forks(考狄昂峡谷)——卡普亚附近一条狭窄山口,位于亚平宁半岛、托斯卡纳(Tuscan)海岸。公元前321年,第二次萨谟奈战争期间,罗马军队在这里战败被俘虏①。

Censorship(监察官)——监察官每五年选举一次②。监察官主要职责是依据公民的财富确定公民等级,并以此作为税收、服兵役、投票的标准。这项工作要花费一年半的时间,其间,监察官所采取的各种核查人口的行动被称为人口普查。一年半以外的其他时间,监察官清闲无事。

Centuries(百人队)——塞尔维乌斯·图里乌斯(Servius Tullius)改革了兵役制度,将服兵役分配给所有的土地所有者,贵族和平民被划分为五个等级,各个等级分属于相应数量的百人队,并分为两个对等的群体:46岁以下的青壮年组和超过现役年龄的老年组③。

Cicero, Marcus Tullius(西塞罗,马尔库斯·图里乌斯)——罗马最著名的演说家,公元前106年生于阿尔庇努姆(Arpinum)。为使自己拥有出众的口才,西塞罗在雅典逗留两年。公元前75年,西塞罗出任西西里财务官,多次赢得诉讼。公元前63年,西塞罗出任执政官,同年,西塞罗发现并镇压了喀提林阴谋。正是因为这一重要举措,西塞罗赢得了罗马之父的称号。前三头期间,西塞罗的政敌、蛊惑民心的普布里乌斯·克洛狄乌斯(Publius Clodius),利用自己的影响通过了一项未经审判不得判处公民死刑的法律。克洛狄乌斯及其同党指控西塞罗未经正式审判,处死了包括喀提林在内的一部分罗马公民。公元前58年,西塞罗遭放逐。西塞罗试图退居帖撒罗尼卡,后转道狄拉齐乌姆。大约16个月之后,西塞罗被召回。第二次内战中,西塞罗成为庞培派成员。但在没有参加的法萨鲁战役之后,西塞罗再度退出政治舞台。恺撒被杀后,西塞罗宣布与安东尼为敌,并在《腓力皮克斯》(不要与德莫斯梯尼的《斥腓力二世》混淆)中对安东尼进行攻击。与此同时,西塞罗向年轻的屋大维示好。然而,后三头结盟后,安东尼利用自己的全部力量讨伐西塞罗。公元前43年,西塞罗在拉丁姆南部的弗尔梅(Formiae)自杀。

---

① 考狄昂峡谷,亦译为卡夫丁峡谷。在罗马人征服中部意大利的第二次萨谟奈战争中,罗马军队缺乏山地作战经验,遭遇惨败。在考狄昂峡谷,罗马军队为求生存,全体将士向萨谟奈人投降,并忍受"轭下之辱"。

② 监察官为古罗马共和国常设高级官职,设立于公元前443年,公元前22年废止。最初,监察官一职为贵族所独占,后经平民反对贵族斗争,公元前339年,两名监察官之一必须是平民。监察官的权力比较大,除了普查人口(设置监察官之前的人口普查由执政官负责)、对公民财产审查等权力之外,还负责审核元老名单、审查政府财政支出、监督公共道德等。

③ 根据塞尔维乌斯改革规定,青年组的年龄为17—46岁,老年组为47—60岁。

Cimbri(辛布利人)——日耳曼游牧部落,曾于公元前105年在阿兰西奥(Aransio)战胜罗马人。辛布利人和条顿人入侵山外高卢。公元前101年,马略和卡图鲁斯在维切里附近的劳迪亚平原消灭了辛布利人①。公元前102年,条顿人在阿凯·塞克斯提亚被马略击溃②。

Ciminian Forest(奇米尼安森林)——维艾北部的一座伊达拉里亚山脉。公元前310年,执政官昆图斯·法比乌斯(Quintus Fabius)在这里战胜伊达拉里亚人。

Cincinnatus, Lucius Quinctius(辛辛纳图斯,卢西乌斯·昆克提乌斯)——受人敬仰的罗马人③,卡索·昆克提乌斯(Kaeso Quinctius)之父,辛辛纳图斯曾被迫为儿子支付巨额保释金,使自己陷入穷困境地,不得不退居一个小农场。此后不久的公元前485年,为了平息因特伦提利安法案(*Terentilian laws*)引起的麻烦,辛辛纳图斯出任独裁官。

Cineas(西尼亚斯、齐纳斯)——帖萨利一官员,西尼亚斯为皮洛士好友,也是皮洛士的谋士。公元前280年,皮洛士派西尼亚斯前往罗马,与罗马人谈判议和事宜。据传,西尼亚斯有非凡的记忆力(参阅"皮洛士")。

Cinna, Lucius Cornelius(秦纳,卢西乌斯·科尔内利乌斯)——罗马共和国执政官,恺撒的岳父④。共和国末年内战中,秦纳站在马略一边,帮助马略反对苏拉,并对苏拉党人大开杀戒。后被杀死(参阅"马略")。

Cisalpine Gaul(山南高卢、山内高卢)——山南高卢的领土包括波河流域⑤,高卢人曾把这里的伊达拉里亚人赶走。恺撒授予山南高卢当地居民公民权(参阅"山外高卢")。

1. Civil War(内战)——公元前88年,由P. 苏尔皮西乌斯·鲁福斯(P. Sulpicius Rufus)提出的、旨在剥夺苏拉军事指挥权,并将军权授予马略的法案引起的战争。苏拉进军罗马,节节胜利,马略溃逃。公元前88年,苏拉指挥了第一次和第二次米特拉达梯战争。在苏拉离开罗马期间,秦纳起义,召回马略,并对政敌大

---

① 辛布利人能征善战,曾令罗马人闻风丧胆。在马略指挥的这次战役中,12万辛布利人遗尸疆场,6万人被俘。罗马军队获得了前所未有的辉煌胜利。

② 在这次战役中,10万条顿人被杀,2万余人被俘。

③ 辛辛纳图斯曾是罗马家喻户晓的英雄人物,也是传说中的圣人,是罗马人心目中道德和意志品质的化身。公元前458年,辛辛纳图斯临危受命,前去解救被埃奎人围困的罗马军队。此时,还在自家小农场耕作的辛辛纳图斯,放下手中的农具,前往战场,仅用一天时间就打败了埃奎人。危机解除后,仅仅当了16天罗马军队统帅的辛辛纳图斯,辞去官职,重新返回自家小农场。

④ 公元前84年,恺撒娶秦纳女儿科尼丽娅为妻。

⑤ 山南高卢中的"山"指的是阿尔卑斯山,位于今天意大利的北部。

开杀戒。马略被提名第七次出任执政官,但不久后死去(公元前86年)。苏拉返回罗马,与麦特鲁斯·皮乌斯(Metellus Pius)、马尔库斯·克拉苏(Marcus Crassus)和庞培结盟。先前的马略党人,在马略儿子率领下继续进行内战,苏拉在克林内门(Colline Gate)之战中,击溃马略党人。随后,苏拉开始了财产剥夺,以这种方式处置了他的政敌。

2. Civil War(内战)——事实上,此次内战是发生在庞培和克拉苏之间的争斗。庞培迎娶了恺撒的女儿朱丽娅(Julia),但朱丽娅早亡,两人之间萌生敌意。公元前52年,恺撒在高卢确立了罗马人的统治时,庞培发现克拉苏死后自己处于孤立境地,改变现状才能获得优势。庞培镇压声名狼藉的政客克洛狄乌斯引发了暴动,虽然违法,但庞培还是再次当选执政官。庞培与元老派联合,因为庞培非常清楚,元老派是恺撒的天敌,而且元老派也依赖统治西班牙5年的庞培(公元前50年)。恺撒希望出任下一年执政官,法律要求执政官候选人亲自到罗马。恺撒不得不放弃在高卢的统治权,前往罗马,而依据前三头从前的约定,恺撒不离开所在行省,便可参加执政官竞选。庞培宣称这一约定是非法的特权。公元前49年,元老院要求恺撒放弃兵权,恺撒则宣称自己是宪法护卫者,指挥自己的军队,渡过卢比孔河。惊恐万状的庞培没有军队,只得到帖撒罗尼卡避难,这里随之成为庞培建立的新的政府所在地。得到了执政官和独裁官官职后,恺撒把注意力投向了庞培。最后,在法萨鲁打败庞培。公元前48年,庞培亡命埃及,在那里身首异处(参阅"朱利乌斯·恺撒")。

Claudius(克劳狄乌斯)——罗马皇帝,公元41—54年在位。克劳狄乌斯为日耳曼尼库斯胞弟,卡利古拉死后,被近卫军拥上帝位。尽管克劳狄乌斯生性懦弱,但他统治期间还是有所建树的。克劳狄乌斯在台伯河口建造了一座新码头,修葺了高架引水渠,征服了英格兰南部。不幸的是,克劳狄乌斯为两个邪恶的女人所左右:第一个是他的妻子美萨丽娜,第二个则是他的侄女,美萨丽娜死后与之结婚的小阿格里品娜。小阿格里品娜为了让自己与前夫所生的儿子尼禄登基,毒死了克劳狄乌斯。

1. Claudius, Appius(克劳狄乌斯,阿皮乌斯)——公元前450年十人委员会成员之一。十人委员会因克劳狄乌斯的专横而垮台。

2. Claudius, Appius (Caecus)〔克劳狄乌斯,阿皮乌斯(恺库斯)〕——罗马监察官。公元前310年,在阿皮乌斯指挥下,阿皮安水道建成,从罗马至卡普亚的军事道路——阿皮安大道开通。

Claudius Gothicus(克劳狄乌斯·哥特乌斯)——第一个伊利里亚人(Illyrian)的皇帝,公元268—270年在位。克劳狄乌斯·哥特乌斯死于瘟疫后,王位由奥莱里安(Aurelian)继承。克劳狄乌斯·哥特乌斯的统治无突出政绩可言①。

Claudius, Publius(克劳狄乌斯,普布里乌斯)——罗马执政官。公元前243年,在第一次布匿战争期间的德莱帕纳(Drepana)海战中,被迦太基人打败②。

Claudius Nero, Gaius(克劳狄乌斯·尼禄,盖乌斯)——赢得麦陶鲁斯(Metaurus)战役胜利的罗马执政官。公元前207年,汉尼拔在此处被杀。

Cleopatra(克利奥帕特拉)——埃及女王③。公元前47年,恺撒恢复了克利奥帕特拉的王位,毫不迟疑地与这位女王结婚,并迫使元老院批准一项法律认可这一婚姻。马克·安东尼获得东方统治权后,与克利奥帕特拉联合。公元前31年,安东尼在亚克兴战败不久,克利奥帕特拉自杀。

Clients(门客、被庇护人)——宗族或氏族的奴仆,有人身自由,但无政治上、法律上的权利。每一个门客由一个家族的贵族家长所代表,即门客的庇护人。

Cloaca Maxima(马克西玛下水道)④——罗马城巨大的下水道系统,塔克文时代建造。

Clovis(克洛维)——参阅"法兰克人"。

Clusium(柯鲁西乌姆)——伊达拉里亚主要城市⑤。伊达拉里亚国王波森纳(Porsena)为了恢复塔克文的王位进攻罗马。初期,波森纳获得了几次胜利,但在

---

① 克劳狄乌斯·哥特乌斯即三世纪危机期间的克劳狄乌斯二世。克劳狄乌斯二世在位期间,曾打败哥特人,由此得到"Gothicus"(意为"打败哥特人的")之名号。

② 由于罗马海军遭到惨败,指挥此次海战的克劳狄乌斯以叛国罪遭审判。克劳狄乌斯花重金保住了性命。

③ 即克利奥帕特拉七世,生于公元前69年。公元前51年其父托勒密十二世死后,依据已故国王遗嘱,克利奥帕特拉和同父异母兄弟托勒密十三世共掌王权。姐弟二人矛盾尖锐,克利奥帕特拉被赶出亚历山大里亚。恺撒追击庞培抵达亚历山大里亚,克利奥帕特拉投身恺撒怀抱,以妩媚征服了恺撒,在恺撒帮助下,巩固了自己的地位,成为埃及的实际统治者,并为恺撒生下一子。恺撒死后,克利奥帕特拉再次施展美人计,使安东尼拜倒在她的石榴裙下。安东尼甚至将罗马人征服的部分领土赠予这位女王,罗马人为此恼怒万分,对克利奥帕特拉恨之入骨。屋大维正是利用了罗马人的情绪与仇恨,与安东尼决战,并最终战胜了安东尼,迫使克利奥帕特拉自杀。

④ *Cloaca Maxima* 为拉丁语,意为巨大无比的下水道,也是罗马古代建筑中的纪念碑之一。建于大约公元前6世纪,人们将此宏大的工程归功于塔克文。最初该排水系统建于地面(更像排污河),在罗马广场穿过。公元前2世纪,该排水道被覆盖,成为地下排水道。奥古斯都当政期间,公元前33年,在他的得力助手阿格里帕指挥下,进行了全面修整。该下水道今天仍在使用。

⑤ 据古典史家李维记载,塔克文家族被推翻后的共和国初年,柯鲁西乌姆国力强盛,国王波森纳声名显赫。

莱吉鲁斯(Regillus)湖被罗马人打败。

Coelian Hill(柯埃利安山)——罗马七丘之一,图鲁斯·霍斯提利乌斯(Tullus Hostilius)把被征服的阿尔巴隆伽居民安置此地。

Colline Gate(克林内门)——克林内门位于罗马西北部城墙。公元前82年10月,苏拉率领军队与马略为首的平民派进行了一场决定性战斗。苏拉获得胜利,迫使元老院任命他为独裁官,从而确立了苏拉在罗马的独裁统治(参阅"苏拉")。

Colosseum(克洛塞乌姆、大斗兽场)——罗马巨大的圆形剧场[1],罗马皇帝韦伯芗(Vespasian)在位期间动工,提图斯(Titus)皇帝当政时竣工。公元80年,举行了竣工庆典。

Comitia Centuriata(森都里亚大会、百人队会议[2])——由全体公民,包括贵族和平民都参加的、投票决定公共利益各种问题的会议。

Comitia Curiata(库里亚大会)——由服兵役公民组成的公民会议[3],通过呼喊声决定所讨论事务。每个库里亚自己表决,会议讨论的问题由得票多寡决定。

Comitia Tributa(特里布斯会议)——全体贵族参与的选举执政官的会议[4]。

Comitium(户外会场)——罗马广场附近一个封闭的空间,用于举行各种公众会议。

Commercium(私产权)——授予平民的拥有财产的权利。

Commodus(康莫都斯)——罗马皇帝,公元180—193年在位。康莫都斯继承父亲马尔库斯·奥莱利乌斯的王位,但他根本不适合做皇帝,最后被人杀死[5]。

---

[1] 大斗兽场占地面积约2万平方米,是古代罗马文明的象征,被誉为世界古代七大奇观之一。罗马人统治的区域内,斗兽场比较多,但4层建筑的斗兽场仅此一座,其他斗兽场只是两层或三层。

[2] 百人队会议的前身是库里亚大会。百人队会议决定国家大事,包括战争、选举执政官、通过法律等等。

[3] 库里亚大会为古代罗马重要民众大会之一,也是罗马比较古老的民众大会。库里亚大会被称为胞族会议、大氏族会议。传说中的罗慕路斯建立罗马城之后,把全体居民分成了3个部落,每个部落下有10个库里亚(胞族),每个库里亚下有10个氏族(罗马共有300个氏族),故此罗马共有30个胞族——30个库里亚。开会时以库里亚为单位,分组议事,最后大会表决。

[4] 特里布斯会议也是罗马比较古老的民众大会,亦称部落会议。最初,该会议主要由平民参加,后扩展到全体公民参加。公元前287年,霍腾西乌斯法案规定,平民大会的决议可不经元老院批准,即具备法律效益。平民大会由此成为罗马共和国立法机关。进入帝国时代,特里布斯会议的地位每况愈下,名存实亡。需要说明的是,作者此处认为特里布斯会议由贵族组成的观点与学界主流观点大相径庭,不知依据何在。

[5] 康莫都斯是罗马帝国历史上又一个暴君,古今史家对其评价甚低。康莫都斯怠倦政务,热衷于角斗、游猎,倒行逆施,引发各方面对他的不满与嫉恨。

Constans(康斯坦斯)——君士坦丁大帝之子①。君士坦丁大帝死后,康斯坦斯曾与两个哥哥分治帝国,但在短短几年后便被杀死(公元350年)。

Constantine the Great(君士坦丁大帝)——君士坦提乌斯·克劳鲁斯(Constantius Chlorus)公元306年死后,君士坦丁被拥上王位,但遭到马克西米安(Maximian)和马克森提乌斯(Maxentius)的反对。马克西米安于公元310年被君士坦丁处死,马克森提乌斯则在马尔维安桥(Mulvian)战役中被君士坦丁击溃,君士坦丁成为帝国西部唯一一个皇帝。此时,君士坦丁的妹夫李锡尼乌斯(Licinius)统治着东方。战争在两人之间爆发,君士坦丁打败李锡尼乌斯,李锡尼乌斯死在狱中。公元323年,君士坦丁成为罗马帝国唯一一个皇帝。君士坦丁立基督教为罗马国教,并成为大祭司长(Pontifex Maximus)。公元325年,君士坦丁主持了尼西亚会议(Council of Nicaea)。此后不久,君士坦丁处死了自己的儿子克里斯普斯(Crispus),人们怀疑是他的第二任妻子福斯塔(Fausta)想让自己的两个儿子继承王位,怂恿君士坦丁杀死了长子。君士坦丁把帝国分成了四个辖区:高卢、意大利、伊利里库姆和东方,由皇帝掌控的四名近卫军长官统辖。公元328年,君士坦丁把帝国都城从罗马迁至拜占庭,并以他的名字命名为君士坦丁堡。公元337年,君士坦丁死去,把帝国留给了三个儿子:康斯坦斯、君士坦丁(Constantine)和君士坦提乌斯(Constantius),和三人共同统治帝国的还有他们的两个很快便遭杀戮的堂兄弟:达尔玛提乌斯(Dalmatius)和汉尼拔李雅努斯(Hannibalianus)。

Constantine(君士坦丁)——君士坦丁大帝之子,亦即君士坦丁二世。君士坦丁大帝死后,由于他的三个儿子同时继承王位,君士坦丁二世继位的统治区域为高卢、不列颠和西班牙。公元340年,君士坦丁二世在军事冲突中战败被杀。

Constantine the Usurper("篡位者"君士坦丁)——一个对霍诺利乌斯不满的普通士兵,公元407年在不列颠被军队拥立为王。"篡位者"统治不列颠、高卢达4年之久,并引诱汪达尔人进入西班牙。当公元312年阿陶尔夫定居高卢时,"篡位者"被康斯坦提乌斯推翻。

Constantius Chlorus(君士坦提乌斯·克劳鲁斯)——戴克里先统治时期罗马帝国西部恺撒,也是继承其王位的君士坦丁大帝之父。

1. Constantius(君士坦提乌斯)——罗马帝国皇帝②,君士坦丁大帝之子,公元337—360年在位。君士坦提乌斯在两个兄弟和两个堂兄弟被杀之后,独自一人统

---

① 即罗马帝国皇帝康斯坦斯一世。君士坦丁大帝死后,他的三个儿子同时继位,将帝国三分。康斯坦斯战胜两个哥哥中的一个,统一了帝国西部。康斯坦斯与另外一个哥哥相安无事,直至350年被杀。

② 为君士坦提乌斯二世。

治帝国。后来,他与帝国实际统治者朱利安(Julian)①共治帝国。

2. Constantius(康斯坦提乌斯)——康斯坦提乌斯为霍诺利乌斯的宠臣,曾于公元412年推翻"篡位者"君士坦丁②。在霍诺利乌斯妹妹普拉斯蒂娅第一任丈夫死后,康斯坦提乌斯与普拉斯蒂娅结婚(参阅"阿陶尔夫")。瓦伦提尼安三世(Valentinian Ⅲ.)即普拉斯蒂娅与康斯坦提乌斯之子。

Consul(执政官)——罗马共和国主要高级官吏。执政官每年选举一次,拥有国王的权力③。在刑事案件中,受制于民众上述的要求。任职期间,执政官身着紫色长袍,坐象牙圈椅,并由持有束棒利斧——法西斯——的侍从引导。

Conubium(通婚权)——授予平民与贵族通婚的权利。

Corinth(科林斯)——科林斯湾沿岸一座希腊城市。辛诺塞法利亚(Cynocephalae)战役得胜者弗拉米尼努斯(Flamininus),在科林斯召集全希腊城邦会议,宣告马其顿统治下的希腊城邦获得自由(参阅"亚该亚联盟")。公元前146年,依照元老院的命令,罗马军队摧毁了科林斯。

Cornelius(科尔内利乌斯)——秦纳、苏拉和斯奇皮奥的族名。

Crassus, Marcus Licinius(克拉苏,马尔库斯·李锡尼乌斯)——罗马财主④。通过购买苏拉公敌宣判被没收的牺牲者的财产,克拉苏发了横财。克拉苏镇压了斯巴达克起义,于公元前70年和庞培同时当选为执政官,并与庞培一起镇压了苏拉党人的主要人物。公元前60年,缔结前三头同盟后,克拉苏得到了叙利亚的统治权。公元前55年,帕提亚国王奥罗得斯领导革命期间,克拉苏在帕提亚的卡莱战役中兵败身亡。

Crispus(克里斯普斯)——君士坦丁大帝之长子,曾被君士坦丁封为恺撒。后遭君士坦丁第二个妻子福斯塔诬陷,被君士坦丁处死(参阅"君士坦丁大帝")。

Curia(自治地元老院)——罗马帝国末年,给予自治地元老院的称谓。这里的元老院主要由富有的公民构成,被称为库里亚莱斯(*curiales*)——自治地元老(或

---

① 即朱利安二世,君士坦提乌斯二世之堂弟。君士坦提乌斯二世任命朱利安二世为帝国西部恺撒。

② 康斯坦提乌斯即康斯坦提乌斯三世,亦称君士坦提乌斯三世,罗马帝国西部皇帝。在位仅仅7个月便病死。

③ 罗马共和国时代,执政官是通过选举产生的高级官职,人数为两人——相互制约与制衡。执政官实际上是国家最高行政官吏,在对外交往及外事活动中,执政官代表国家。战时,执政官则作为国家最高军事长官开赴前线。因执政官权力巨大,有人把执政官视为共和国时代的国王。

④ 克拉苏被称为罗马"首富"。克拉苏经营奴隶贸易、银矿等,获得了大量资财。有学者认为,克拉苏是依靠苏拉屠杀马略党人之机发了横财。

市政元老)。

  Curius Dentatus, Manius(库利乌斯·邓塔图斯,马尼乌斯)——罗马执政官,公元前290年结束了同萨谟奈人的战争,并征服了萨谟奈人。在他担任监察官期间,建成了罗马第二条高架引水渠。公元前275年,库利乌斯·邓塔图斯在比尼文图姆战役中打败皮洛士。

  Cynoscephalae(辛诺塞法利亚)——帖萨利境内一山脉。公元前197年,罗马将领弗拉米尼努斯在这里战胜马其顿腓力五世[①]。

---

  ① 辛诺塞法利亚战役系罗马人发动的第二次马其顿战争中的著名战役。辛诺塞法利亚战役亦称"狗头山战役",因辛诺塞法利亚山峰酷似狗头而得名。罗马人在此次战役中,以较小的代价,大败马其顿军队,并证明在战场上,罗马人军团的中队战术比马其顿方阵更具有机动性、实战性,宣告了亚历山大时代马其顿方阵在战争史上的终结。

Dacia(达契亚)——多瑙河北部领土。图拉真统治时期,达契亚成为罗马帝国一个行省,后被奥莱里安(Aurelian)皇帝放弃,交给个哥特人。阿提拉死后,达契亚被东哥特人(Ostrogoths)占领。

Danube(多瑙河)——欧洲第二大河流。参阅"奥古斯都""奥莱里安""西哥特人"等条。

Decemvirate(十人委员会、十人团)——个由10名贵族组成的委员会,称之为"戴塞维利"(decemviri)①。十人委员会任职期限为一年,依照雅典的法律模式编纂罗马法。由于该项编纂工作不是一年内能够完成的,于是又组成了第二届十人委员会,其中三名成员为平民。他们的工作成果即是著名的"十二铜表法"。十人委员会控制着政府,一年过后,仍然拒绝辞去职位。最后,十人委员会被迫退位,或被判处死刑(公元前550至公元前448年)。

Decius(戴西乌斯)——罗马帝国皇帝,公元249—251年在位。戴西乌斯迫害基督教徒,在同哥特人战争中丢掉性命。

Decius Mus, Publius(德西乌斯·穆斯,普布里乌斯)——罗马执政官。第三次萨谟奈战争中的公元前295年,为确保自己指挥的罗马军队森提努姆(Sentinum)之战获得胜利,德西乌斯·穆斯用自己的妻子做牺牲②。

Delators(告密者)——这些告密者在提比略皇帝统治时期特别活跃,告密成为报私仇的一个途径。该项制度在戴克里先统治时代达到顶峰。

Dictator(独裁官)——当共和国陷入危机时刻,由执政官指定、为期6个月,由贵族担任的高级官职③。

Didius Julianus(狄迪乌斯·朱力亚努斯)——帝国时期一名元老,主动出钱购买皮尔提纳克斯(Pertinax)被杀后留下的、无人登基的皇位,曾允诺矫正康莫都斯统治时期的各种放荡。公元193年,塞普提米乌斯(Septimius)的帝号得到承认后,

---

① 十人委员会的出现,与罗马共和国早期平民反对贵族斗争的推动有直接关系。平民反对贵族斗争过程中,平民要求制定成文法,以制约贵族。公元前451年,罗马成立了第一届十人委员会,制定了十项法律条款。第二年,即公元前450年第二届十人委员会又制定出两项法律条款,构成了著名的"十二铜表法"。十人委员会存在期间,权力巨大,不仅其他各类官职停止工作,各种民众大会终止活动,而且十人委员会的决议也不再通过民众表决。

② 戴西乌斯也在这场战役中阵亡。

③ 独裁官为罗马共和国时期非常设官职,主要在国家危机时刻设置,其职能是执行特殊的任务,权力超过其他任何一位常设官职。独裁官任职期为半年,人数为1人。由于设置独裁官的情况不同,独裁官的职能、权限亦有所不同,其中最典型的是"战事独裁官"(dictator rei gerendae causa)。独裁官手下一般设有一名骑兵长官为副手。独裁官任职期满后,骑兵长官自动卸任。

元老院判处狄迪乌斯·朱力亚努斯死刑。

Diocletian(戴克里先)——罗马帝国皇帝,公元284—305年在位。独自一人统治幅员辽阔、由诸多民族组成的帝国的难度显而易见,于是,戴克里先和被称为"奥古斯都"的同僚分治帝国。戴克里先自己统治东方,定都尼克米迪亚,他的副手马克西米安统治西方,定都米兰。一段时间过后,每个"奥古斯都"又有了一个名曰"恺撒"、拥有继承权的副手。戴克里先改组了军队,把行省总督的军队指挥权转移到政府官吏手中。戴克里先当政期间,所有的行省都需要交纳土地税,而在此之前,只有意大利行省交纳土地税。戴克里先统治的公元303年,按照他的命令,对基督教徒进行了大迫害。公元305年,戴克里先和马克西米安双双退位,将帝国东方的统治权交给了加莱利乌斯(Galerius),将西方统治权交给了君士坦提乌斯·克劳鲁斯。

Domitian(多米提安)——罗马皇帝[①],公元81—96年在位。多米提安为罗马帝国弗拉维王朝第六任皇帝,多米提安继承了哥哥提图斯的王位。多米提安生性残忍暴虐,在位期间强化了提比略创造的告密制度(参阅"告密者")。通过建造坚固的要塞,缓解了日耳曼人制造的边境压力。

Drepana(德莱帕纳)——西西里西海岸一城市。公元前349年,第一次布匿战争中,迦太基人在这里战胜罗马海军。

1. Drusus(德鲁苏斯)——奥古斯都继子。德鲁苏斯通过在多瑙河的军事行动,把罗马人的统治扩大到这一地区,并建立了拉埃提亚和诺里库姆两个行省。公元前9年,在德鲁苏斯继续努力扩展罗马帝国在莱茵河东部的统治时,战败身亡。

2. Drusus(德鲁苏斯)——提比略之子。因近卫军长官塞亚努斯挑唆,德鲁苏斯被提比略处死。

Drusus, Marcus Livius(德鲁苏斯,马尔库斯·李维乌斯)——公元前112年罗马执政官(参阅"意大利人问题")。

Duilius, Gaius(杜伊里乌斯,盖乌斯)——公元前260年,米莱(Mylae)海战之罗马人的指挥官。由于此次海战胜利,杜伊里乌斯得到的奖赏是,为向他致敬,树

[①] 多米提安为弗拉维王朝皇帝韦伯芗之子。多米提安以昏君留名史册,人称"尼禄的化身"。但他对日耳曼的军事行动堪称有所成效。在多瑙河以北,莱茵河以西,多米提安指挥修筑了一道边墙,用以保护罗马与日耳曼的边界。此外,莱茵地区又被分为上下日耳曼两个行省。

立一座以被俘获的敌船船头(*coliimria rostrata*)装饰的纪念碑①。

Dyrrachium(狄拉齐乌姆)——伊利里库姆海岸一城市,法萨鲁战役之前,恺撒在此地被庞培及其追随者打败。

---

① 此次战役发生在第一次布匿战争期间。罗马人陆军强大,不谙海战,为了发挥陆军优势,罗马人在战船的两侧安装了一个特殊装置——小吊桥,在与敌船接近时,将小吊桥放下,小吊桥一端的铁钩搭在敌船甲板上,全副武装的步兵通过吊桥冲上敌船,与敌人展开肉搏。罗马人在第一次布匿战争中,采用这种战术取得了海战的胜利。

East Goths(东哥特人)——(参阅"哥特人")。

Egypt(埃及)——托勒密王朝统治期间,埃及是罗马人的盟友。亚克兴战役和克利奥帕特拉死后,埃及成为奥古斯都治下罗马人的一个行省。帕尔米拉女王芝诺比娅企图将埃及并入自己的版图,但被罗马皇帝奥莱里安击败。

Elagabalus(埃拉伽巴鲁斯)——罗马帝国皇帝,公元218—222年在位①。埃拉伽巴鲁斯是罗马皇帝卡拉卡拉的远亲,叙利亚太阳神埃拉伽巴鲁斯的祭司。他的母亲称他为安东尼乌斯(Antoninus),以埃拉伽巴鲁斯冒充卡拉卡拉之子。埃拉伽巴鲁斯打败并杀死了马克里努斯,登基称帝。埃拉伽巴鲁斯是罗马帝国历史上最腐败、最昏庸的皇帝之一,在位4年后遭暗杀身亡。

Ennius, Quintus(恩尼乌斯,昆图斯)——罗马著名诗人,大约生活在公元前239年至公元前169年,是讽刺诗、戏剧、史诗的作家②。

Ercte(厄科特山)——北部西西里帕诺尔莫斯(Panormos)附近一座山脉。公元前247年,第一次布匿战争期间,迦太基将领哈米尔卡曾在此地打败罗马人。

Esquiline(艾斯奎林)——罗马七丘之最高山丘③。

Etruria(modern Tuscany)〔伊达拉里亚(现代托斯卡纳)〕——伊达拉里亚的领土位于意大利东北的阿诺河(Arno)与台伯河之间,统治罗马人的塔克文王朝即是伊达拉里亚人所建立④。伊达拉里亚人的主要城邦有柯鲁西乌姆、维艾和沃尔斯尼(Volsinii),这些城邦全部是罗马人的劲敌。伴随罗马力量的壮大,特别是占领了维艾之后,伊达拉里亚人的势力走向衰落。公元前217年,伊达拉里亚遭到汉尼拔的入侵(参阅"柯鲁西乌姆""维艾""莱吉鲁斯湖""第三次萨谟奈战争"等)。

---

① 埃拉伽巴鲁斯是罗马帝国历史上第一个来自东方行省——叙利亚的皇帝。埃拉伽巴鲁斯本名为瓦莱利乌斯·阿维图斯·巴西亚努斯(Varius Avitus Bassianus)。埃拉伽巴鲁斯本人称帝后,喜欢用的名号是"埃拉伽巴鲁斯",意为"太阳神的事奉者"。他不仅大力提倡信奉太阳神,还把东方宫廷的奢侈带入罗马。埃拉伽巴鲁斯15岁登基,既是罗马帝国历史上少年天子之一,也是著名的无心治国的昏君。

② 恩尼乌斯最著名的作品是史诗《编年纪》,全诗记述的是罗马人的历史业绩,获得了非常高的评价。恩尼乌斯的《编年纪》仅存残篇,其他著述均已失传。

③ 罗马城被称为"七丘之城"(Seven Hills of Rome),这七座山丘均坐落在台伯河东岸。七座山丘南北长约6 200米,东西长约3 500米。

④ 伊达拉里亚人起源至今未详,人称伊达拉里亚人是"谜一样的民族"。学术界一般认为,伊达拉里亚人公元前11世纪来自小亚。大约公元前7世纪,伊达拉里亚人出现城邦,但始终未能形成统一的国家。罗马人强大后,伊达拉里亚人的城邦相继被征服,原有领土亦被罗马人兼并。

Eudoxia(尤多西娅)——瓦伦提尼安三世遗孀。尤多西娅拒绝了杀害自己丈夫的凶手马克西姆斯(Maximus)的帮助,转向汪达尔国王盖塞利克(Gaiseric)求援,由此导致罗马城于公元455年陷落。

Eumenes(尤米尼斯)——帕加马国王。亚洲战争中的公元前190年,尤米尼斯站在罗马人一边。马其顿战争中,尤米尼斯保持中立。

Euphrates(幼发拉底河)——亚洲一条河流,米特拉达梯帝国的边界①。

Euric(尤里克)——继李西默(Ricimer)之后的西哥特国王②。尤里克扩大了西哥特王国的领土,罗恩河与卢瓦尔河(Loire)之间的土地并入尤里克的版图。接下来,尤里克又从奥多雅克(Odovacar)手中夺取了阿尔卑斯山和罗恩河之间的大片土地。公元475—480年间,在比利牛斯山的另一侧,尤里克几乎征服了整个西班牙。

---

① 即米特拉达梯统治下的安息帝国或帕提亚王国。
② 尤里克在位期间,不仅扩大了西哥特王国的领土,而且还于公元471年颁布了一项著名的法典——《尤里克法典》(Code of Euric),对后世影响巨大。

Fabian Gens(费边氏族、法比乌斯氏族)——罗马显赫贵族氏族,大约300人。约公元前478年,动用本氏族力量发动了一场对维艾的战争。

1. Fabius Maximus, Quintus(法比乌斯·马克西姆斯,昆图斯)——罗马执政官,公元前310年,在奇米尼安森林战胜伊达拉里亚人。公元前295年,在森提努姆打败萨谟奈人。

2. Fabius Maximus, Quintus(法比乌斯·马克西姆斯,昆图斯)——罗马独裁官,前文法比乌斯之孙,人送绰号"拖延者"(Cunctator),因为他总是避免与汉尼拔正面交锋,但也运用伏击战、骚扰战等战术消耗敌军(公元前217年)①。

Fabricius, Gaius(法布里西乌斯,盖乌斯)——政治家、外交家,库利乌斯·邓塔图斯(Curius Dentatus)同时代人。法布里西乌斯在同皮洛士战争中军功显赫。

Fasces(法西斯)——侍从肩扛的插有斧头的束棒②。

Fausta(福斯塔)——君士坦丁大帝之妻③。

Fetiales(随军祭司团)——执行与宣战相关的各种仪式的司礼官④。

Fidenae(费德内)——伊达拉里亚人城镇,维艾人的边界,位于台伯河左岸,公元前426年被罗马人占领。

Flamininus, Titus Quinctius(弗拉米尼努斯,提图斯·昆克提乌斯)——罗马执政官,曾指挥罗马军队在辛诺塞法利亚战胜马其顿腓力五世。

Flaminius, Gaius(弗拉米尼努斯,盖乌斯)——主张实施土地法的保民官。依据该法律,高卢的土地应在公民中分配。公元前217年,弗拉米尼努斯在特拉西米诺(Trasimenus)湖战役中阵亡。

Foederati(联盟者、盟友)——罗马的同盟者,依据某些条约规定,他们可以在帝国境内得到土地,但不能作为独立国家存在。

Forum(广场)——位于帕拉丁和奎米纳尔山谷之间的市场。公元前184年,加

---

① 法比乌斯·马克西姆斯曾五次出任执政官一职。在汉尼拔率领军队横行意大利时,法比乌斯出任独裁官,指挥军队与汉尼拔周旋、拖延,消耗敌军,此为著名的"费边战术"。但"费边战术"引起罗马人极大不满,以瓦罗替换了法比乌斯,结果导致坎尼会战的惨败。

② 法西斯是古罗马权力的象征,据说起源于王政时代。法西斯中捆在一起的束棒象征团结,中间插的斧头代表权力,两者结合也表征着王的权威与威严。共和国时代,执政官每人有12名肩扛法西斯的侍从。

③ 福斯塔是君士坦丁大帝第二任妻子,也是罗马皇帝马克西米安之女。马克西米安将女儿嫁给君士坦丁,目的是建立四帝共治中与君士坦丁的同盟。福斯塔曾进谗言,使君士坦丁处死自己的长子,而福斯塔则被君士坦丁以通奸罪处死。

④ 据载,随军祭司由王政时代第二王努玛创立。随军祭司团(也有人译为国务祭司)的主要任务之一是,对敌方宣战前,向敌方提出要求。

图推进建造波尔西亚巴西利卡建筑之前,大法官在市场主持法庭。公元前184年之后,广场不再是市场,成为罗马社会生活和商业中心。演讲台(Rostra)或讲话者的讲台,也从户外集会场移至广场①。

  Franks(法兰克人)——和阿拉曼尼人一样,大约公元220—240年出现的日耳曼人诸部落的一个联合体,定居在下莱茵地区。罗马皇帝加列努斯(Gallienus)在位期间,法兰克人穿过高卢,进入西班牙。法兰克人与阿拉曼尼人联手行动,但于公元357年在斯特拉斯堡被朱利乌斯(Julius)打败。法兰克人进驻罗马帝国西部。"民族战争"中,来自莱茵河的李普利安法兰克人(Ripuarian Franks)与阿提拉联合,但来自尼德兰的萨利法兰克人(Salian Franks)却站在了罗马人一边②。在克洛维统治的公元481年,法兰克人最终建立了政权。克洛维推翻了埃吉狄乌斯(Aegidius)之子斯亚哥利乌斯(Syagrius),终结了罗马人在高卢的统治。

---

  ① 古罗马最初的演讲台只是一个平台,罗马的国家官吏、政治家等在这里向聚集的罗马人发表演说,宣传自己的政治主张等。
  ② 法兰克人系日耳曼人的一支,是对居住在莱茵河北部法兰西亚(Francia)地区日耳曼人的称谓。

Gabii(伽比)——位于托斯卡纳海岸属于沃尔斯其人领土的一座城市,塔克文统治时期并入罗马版图。

Gaiseric or Genseric(428—477. A. D.)〔盖塞利克(公元 428—477 年)〕——汪达尔国王。应波尼法斯之邀,盖塞利克从西班牙前往非洲。后来,尤多西娅向盖塞利克求援,盖塞利克占领并劫掠了罗马城。在科西嘉岛附近的海战中,盖塞利克被李西默打败,为马克西姆斯继承人马约里安牵制。盖塞利克已成为地中海西部,以及北非各个岛屿的主人。公元 477 年,盖塞利克在迦太基死后,他的帝国逐渐衰落。

Gaius(盖乌斯)——罗马皇帝卡利古拉的正式名号(参阅"卡利古拉")。

Galba(伽尔巴)——尼禄在位时的西班牙总督。由于尼禄不问朝政,特别是借温德克斯(Vindex)高卢起义之机,伽尔巴宣布自己为皇帝。公元 68 年,伽尔巴继承了尼禄的王位,但不久便死于近卫军之手。

Galerius(加莱利乌斯)——戴克里先在罗马帝国东部的继承人(公元 305—306 年在位)。

Gallienus(加列努斯)——罗马帝国皇帝,公元 260—268 年在位。在危机四伏的历史时期,加列努斯继承了父亲瓦莱利安(Valerian)皇帝的王位。日耳曼人、波斯人、法兰克人、哥特人从不同方向进犯加列努斯的帝国边境。加列努斯和帕尔米拉国王欧迪纳图斯(Odenatus)结盟,欧迪纳图斯打败了波斯的国王萨普尔(Sapor),保卫了帝国边境。公元 273 年,欧迪纳图斯被杀,他的遗孀芝诺比娅继承王位。公元 268 年,加列努斯死于战场。

Gauls(高卢人)——凯尔特语族中一个富有侵略性的民族。公元前 4 世纪,高卢人越过阿尔卑斯山,夺取了波河流域,驱逐了伊达拉里亚人。高卢人的领土称为山南高卢。公元前 390 年,高卢人进攻罗马人的盟友柯鲁西乌姆,在阿里亚河战役中打败罗马人,占领罗马城。伊达拉里亚人、翁布里亚人、萨谟奈人同罗马人的战争中,也得到了高卢人的支持。公元前 52 年至公元前 50 年,高卢人最后被恺撒征服(参阅"山南高卢""山外高卢")。

Gens(宗族)——氏族群或家族的称谓。在父权制家族的权威下,每一个氏族都由若干个家族构成。父权制家长对妻子、儿女有充分的权力,父权制家族成员被称为贵族。

Germanicus(日耳曼尼库斯)——提比略皇帝养子①,其父德鲁苏斯为奥古斯都麾下将领。日耳曼尼库斯与奥古斯都外孙女阿格里品娜完婚,曾出任高卢和日耳曼总督,并被授予东方统治权。公元19年,日耳曼尼库斯猝死,人们怀疑他被副手皮索(Piso)毒杀。

Germans(日耳曼人)——属于日耳曼人部落的辛布利人、条顿人入侵意大利,初期接连获胜,但在维切里附近的劳迪亚平原和阿凯·塞克斯提亚被马略和卡图鲁斯击溃。公元180年,日耳曼边境居民马克曼尼人进攻罗马,但未成功。加列努斯在位期间,日耳曼人横穿高卢,越过比利牛斯山,进入西班牙,劫掠了这个国家。奥莱里安修筑了城墙,加固了要塞,以抵御日耳曼人入侵。公元357年,朱利安皇帝在斯特拉斯堡打败日耳曼人。"日耳曼人"是对法兰克人、阿拉曼尼人、汪达尔人、哥特人、西哥特人的统称。日耳曼人成功定居帝国各地(参阅"阿拉里克""阿陶尔夫""盖塞利克"等)。

Geta(盖塔)——罗马帝国皇帝,公元211—212年在位。盖塔是卡拉卡拉胞弟,按父王塞维鲁斯遗愿,与卡拉卡拉共治帝国,但仅仅一年后,便被卡拉卡拉杀死。

Goths(哥特人)——罗马皇帝奥莱里安(Aurelian)在位期间入侵达契亚的蛮族游牧部落。哥特人主要分为两支:奥斯特罗哥特人或东哥特人,维斯哥特人或西哥特人。匈奴人西迁迫使哥特人离开所在地区,并向罗马人寻求保护,瓦伦斯皇帝允许哥特人居住巴尔干半岛。罗马帝国行省长官的背信弃义行为引发了哥特人的反叛。公元378年,哥特人在哈德良堡打败罗马人,杀死瓦伦斯皇帝。迪奥多西乌斯皇帝安抚了哥特人,把达契亚、多瑙河南部地区给予西哥特人;将小亚的弗里吉亚(Phrygia)给予东哥特人。哥特人被视为罗马人的盟友或联盟者(foederati)。公元395年,阿拉里克一世成为西哥特国王后,入侵希腊,一步步进入意大利。在意大利的波伦提亚和维罗纳,阿拉里克一世被斯迪里克击败。阿拉里克一世的妻弟阿陶尔夫继承了姐夫的王位。阿陶尔夫与霍诺利乌斯进行交涉,并把哥特人撤回高卢,但他不得不依照康斯坦提乌斯(霍诺利乌斯的副手)之命前往西班牙。此后不久,阿陶尔夫死于非命(参阅"阿陶尔夫"),其弟瓦里亚(Wallia)率领西哥特人返回高卢,成为罗马人的"联盟者",得到了南部高卢的土地,不久便把统治扩大到西班

---

① 日耳曼尼库斯原名为尼禄·克劳狄乌斯·德鲁苏斯,后又随叔父,改名为提比略·克劳狄乌斯·尼禄。因其公元9年在征服日耳曼中战功显赫,死后被追赠"日耳曼尼库斯"之称号,意为"日耳曼的征服者"。日耳曼尼库斯是提比略的养子,也是他的侄子。日耳曼尼库斯虽然没有成为皇帝,但他却与帝国几任皇帝存在血缘关系:罗马帝国第三任皇帝卡利古拉之父,第四任皇帝克劳狄乌斯之兄,第五任皇帝尼禄之外祖父。

牙。

1. Gracchus, Tiberius Sempronius（格拉古，提比略·塞姆普洛尼乌斯）——公元前187年平民保民官。任职保民官期间，提比略·格拉古为斯奇皮奥辩护，反对攻击斯奇皮奥派的攻击。后来，提比略与斯奇皮奥·阿非利加努斯（Scipio Africanus）的女儿科尔内丽娅（Cornelia）结婚。提比略·格拉古先后出任大法官、西班牙总督、执政官和监察官。

2. Gracchus, Tiberius Sempronius（格拉古，提比略·塞姆普洛尼乌斯）——上文格拉古与科尔内丽娅（Cornelia）之子。格拉古曾在军队服役，在围攻西班牙努曼迪亚（Numantia）战役中异常勇敢。返回罗马后，格拉古想要重新推行不再实施的李锡尼乌斯法，以此减轻贫困阶层的痛苦。作为保民官，格拉古对该项法律略加改动，并迫使该法律获得通过。这一做法激怒了贵族，公元前133年将格拉古杀死①。

Gracchus, Gaius（格拉古，盖约）——提比略·格拉古之弟。盖约·格拉古的目标是推翻新贵，改革元老院。盖约·格拉古同样试图推进他哥哥的法律，并计划进一步强化这些法律。由于意大利的公有土地所剩无几，盖约·格拉古提出在行省建立殖民地，并在迦太基的废墟上建立了一个殖民地，名曰尤诺尼亚（Junonia）。但盖约·格拉古连任保民官的计划未能实现。第二年——公元前121年，盖约·格拉古及其追随者遭到袭击，并被执政官卢西乌斯·奥皮米乌斯（Lucius Opimius）在阿文丁（Aventine）山打败②，盖约·格拉古被杀③。

Gratian（格拉提安）——罗马帝国皇帝，公元375—383年在位，罗马帝国西部皇帝瓦伦提尼安（Valentinian Ⅰ.）一世之子④。格拉提安是一个称职的皇帝，也是一个正统基督徒。公元376年，格拉提安颁布法律，禁止所有异端教派从事宗教活动。格拉提安是第一个将大祭司长头衔搁置一边的罗马皇帝。公元383年，格拉提安为叛军所杀，迪奥多西乌斯继承了王位。

---

① 提比略·格拉古为罗马共和国著名的格拉古兄弟改革的发起者之一，也是兄弟二人中的哥哥。土地问题是提比略·格拉古的改革的核心，但却触动了元老院和罗马贵族的利益，遭到元老院和保守势力的强烈反对。在提比略·格拉古准备竞选保民官时，被元老用板凳打死。自罗马共和国建立以来，第一次发生内部流血冲突。

② 古罗马城七丘之一。

③ 同盖约·格拉古一同殉难的还有他的3 000名追随者。更重要的是，盖约·格拉古之死，标志着格拉古兄弟改革彻底失败。

④ 格拉提安（Lavius Gratianus）为罗马帝国西部皇帝，继承王位时年仅17岁。继位时，因为部分军队支持格拉提安同父异母的弟弟、年仅4岁的瓦伦提尼安二世，格拉提安与瓦伦提尼安二世共治帝国。

Great Mother(大母神、大圣母神)——西布利(Cybele),众神之母[1]。据古罗马《西比林预言书》(*Sibylline Books*)描述,大母神从弗里吉亚传入罗马,在汉尼拔入侵时保佑了罗马。

---

[1] 大母神的崇拜与传说起源于小亚的弗里吉亚,后传入希腊,大约公元前3世纪传入罗马,神庙设置在帕拉丁山上。帝国时代对她的崇拜遍及帝国境内。在古代小亚,大母神——西布利是自然女神,保护溶洞、山峦、土地、自然、动物等。

Hadrian(哈德良)——罗马帝国皇帝,公元117—138年在位,图拉真继承人①。哈德良将全部精力都放在了加强罗马帝国实力上,以及内部发展等方面。哈德良建造了一条从泰恩河(Tyne),到当代英格兰与苏格兰边界附近的索尔威(Solway)的防线②。

Hamilcar Barca(哈米尔卡·巴尔卡)——布匿战争中迦太基名将,汉尼拔之父③。哈米尔卡在西西里北部帕诺尔莫斯(Panormos)附近的厄科特山打败罗马人。公元228年,哈米尔卡在西班牙同当地部落的交战中阵亡。

Hannibal(汉尼拔)——哈米尔卡·巴尔卡之子④。公元前218年,汉尼拔在波河流域的普拉森提亚(Placentia)、提西努斯河(Ticinus)、特来比亚河(Trebia)打败由执政官斯奇皮奥(Scipio)和塞姆普洛尼乌斯(Sempronius)指挥的罗马军队。公元前217年,汉尼拔入侵伊达拉里亚,在特拉西米诺(Trasimenus)湖打败弗拉米尼乌斯(Flaminius)⑤;公元前216年,在坎尼打败执政官瓦罗⑥。坎尼之役获胜后,汉尼拔率领军队撤到卡普亚。此时,汉尼拔抵达了人生辉煌的顶点。公元前213年,迦太基人通过变节者占领了塔林敦城。由于汉尼拔的策略,罗马人卷入了同腓力五世的第一次马其顿战争。罗马人重新得到了在国王希罗(Hiero)死后追随迦太基人的叙拉古,重新夺回了卡普亚和塔林敦。公元前207年麦陶鲁斯战役中,汉尼拔之弟哈斯德鲁巴(Hasdrubal)同执政官盖乌斯·尼禄(Gaius Nero)、马尔库斯·李维乌斯(Marcus Livius)指挥的罗马军队交锋时,战败身亡。公元前202年,汉尼拔最后在札马战役中被斯奇皮奥·阿非利加努斯(Scipio Africanus)打败。汉尼拔退回迦太基,致力于迦太基的金融事务。但因害怕可能被罗马人抓获,汉尼拔退隐

---

① 哈德良为图拉真养子,也是著名的"五贤帝"之一。哈德良堪称罗马帝国历史上少见的明君,古今史家对哈德良赞誉有加。

② 此防线即是今天依然可见的、著名的"哈德良长城"。由于哈德良注重边境防御建设,此防线仅为其防御体系的一部分。

③ 哈米尔卡出身迦太基贵族。在汲取了第一次布匿战争的经验之后,哈米尔卡经营西班牙,为日后汉尼拔横行意大利奠定了基础。

④ 汉尼拔为世界古代著名军事将领,受过良好的军事训练,具备了优秀军事将领的品质。汉尼拔生活简朴,尤其能够与士兵同甘共苦,得到了官兵的爱戴与拥护,这也是汉尼拔屡屡打败罗马军队的重要原因之一。

⑤ 特拉西米诺湖战役,是汉尼拔入侵意大利中部获得的重大胜利,也是历史上著名的伏击战。在这次战役中,3万罗马官兵遗尸疆场。更重要的是,此次战役的胜利,给罗马人造成了极大的心理恐慌,担心汉尼拔会直取罗马城。

⑥ 坎尼之役是第二次布匿战争中,汉尼拔取得的又一次辉煌胜利。6万—7万罗马官兵战死或被俘,迦太基阵亡人数仅为6 000人(据说,坎尼之役是战争史上当日死亡人数最多的战役之一)。此外,在罗马的阵亡者中,还包括执政官鲍鲁斯,以及80名元老。罗马人损失惨重。

叙利亚。在那里,汉尼拔逗留于安提奥库斯宫廷,直至在马格尼西亚安提奥库斯被罗马人打败。后来,汉尼拔又逃至彼泰尼亚国王普卢西亚斯(Prusias)宫廷避难。公元前183年,为避免落入罗马人之手,汉尼拔仰药自尽。

Hasdrubal(哈斯德鲁巴)——汉尼拔之弟。哈斯德鲁巴曾在西班牙与罗马人交战,后被在提西努斯河负伤的执政官之子普布里乌斯·斯奇皮奥(Publius Scipio)打败。哈斯德鲁巴率军越过比利牛斯山,支援在意大利的汉尼拔。公元前207年,哈斯德鲁巴在麦陶鲁斯战役中战败身亡。

Helvetians(赫尔维西亚人)——指在赫尔维西亚(今天瑞士)居住的居民。公元前58年,恺撒打败赫尔维西亚人,并将他们与西南部高卢分离开来。

Heraclea(赫拉克利亚)——塔林敦湾一座城市,公元前280年,皮洛士在此第一次战胜罗马人。

Herculaneum(赫库兰尼姆)——意大利南部一座城市。公元79年,赫库兰尼姆与庞贝(Pompeii)城一起被喷发的威苏维火山毁灭。遇难者中包括博物学家老普林尼。1775年,该城市的废墟被人发现。

Herdonius, Appius(赫尔多尼乌斯,阿皮乌斯)——萨宾贵族,公元前460年,曾带领一队追随者占领罗马要塞。这一举动引起极大不满,并导致特伦提利安法案(*Terentilian Laws*)出台。赫尔多尼乌斯和他的党徒一起销声匿迹。

Hiero(希罗)——叙拉古国王。马麦丁人(Mamertines)反叛时,希罗是罗马人的盟友。公元前215年,希罗死去,他的继承者则站到了迦太基人一边(参阅"马麦丁人""汉尼拔")。

Honores(任职资格)——罗马平民得到的担任高级官职的权利(参阅"李锡尼乌斯法案")。

Honorius(霍诺利乌斯)——迪奥多西乌斯一世之次子,罗马帝国西部皇帝,公元395—423年在位。霍诺利乌斯统治期间,发生了大规模蛮族入侵。阿拉里克一世率领多瑙河领域的西哥特人入侵希腊。卢斐努斯对霍诺利乌斯的大臣斯迪里克心怀敌意,建议阿拉里克一世进军意大利。公元402—403年,斯迪里克在波伦提亚(Pollentia)和维罗纳战胜阿拉里克一世,并迫使其退出意大利。不列颠军队的不满导致汪达尔人入侵高卢,不列颠军队自己推举"篡位者"君士坦丁为皇帝,"篡位者"获得了不列颠和高卢的统治权。"篡位者"把汪达尔人引诱到西班牙和葡萄牙。公元408年,斯迪里克的政敌说服霍诺利乌斯在拉文纳将斯迪里克枭首。公元408年,阿拉里克一世再度入侵意大利,出现在罗马城门口,并用饥荒打开了城门,占领了罗马城。公元409—410年,阿拉里克一世又一次占领罗马,洗劫了这座古城。"篡位者"君士坦丁被霍诺利乌斯妹妹普拉斯蒂娅的夫君康斯坦提乌斯推翻(参阅"阿陶尔夫")。

Horace (Quintus Horatius Flaccus)〔贺拉斯(昆图斯·贺拉提乌斯·弗拉库斯)〕——奥古斯都时代著名拉丁诗人(公元前64年至公元前7年)①。

Hortensian Laws(霍腾西乌斯法案)——独裁官昆图斯·霍腾西乌斯通过的法案,授予平民大会拥有通过对全体公民具有约束力的法律的权力②。该法律的通过是朝着解除长时间不堪战争重负的农民痛苦迈出的重要一步。

Huns(匈奴人)——公元367年,入侵哥特人领地(参阅"哥特人"),迫使哥特人在罗马领土上寻求保护的、属于鞑靼种族的蛮族。瓦伦斯皇帝将巴尔干半岛划分给哥特人。然而,该行省总督不讲信誉,允诺并未兑现,哥特人起义,在哈德良堡杀死瓦伦斯。大约公元444年,匈奴人在阿提拉率领下,以更大规模再次出现。匈奴人越过莱茵河,进入高卢,远达罗亚尔河,并进犯奥尔良(Orleans),但罗马皇帝埃提乌斯和西哥特国王提奥多里克(Theodoric)迫使匈奴人退却,并在公元451年"民族战争"中,将匈奴人彻底击溃。第二年,匈奴人沿朱利安阿尔卑斯山撤退,进犯意大利,摧毁了阿奎利亚。阿提拉在米兰建立居所,公元453年死于米兰。

---

① 贺拉斯为古罗马文学黄金时代的代表人物之一,是罗马古典主义的创始人。贺拉斯主要作品有《长短句集》《歌集》《世纪之歌》《讽刺诗集》《诗艺》《书札》等。《诗艺》是人们看重的贺拉斯的代表作之一。

② 该法案于公元前287年获得通过。至此,罗马共和国早期平民反对贵族斗争最后一个重大问题得以解决。

Iberians(伊比利亚人)——古代西班牙一民族。伊比利亚人曾加入迦太基军队。伊比利亚人占领过阿奎塔尼亚或南部高卢,也是巴斯克人(Basques)的祖先。

Illyricum (modern Illyria)〔伊利里库姆(当代伊利里亚)〕——亚得里亚海东海岸地区。罗马人因为伊利里库姆海盗,发动了同伊利里库姆的战争。马其顿战争期间,伊利里库姆成为罗马人一个行省。恺撒曾出任伊利里库姆和山南高卢两个行省总督。

Italian Question(意大利问题)——意大利同盟要求获得公民权,但遭到拒绝,叛乱接踵而至。保民官德鲁苏斯和雄辩家克拉苏(Crassus)支持意大利人的主张,但克拉苏阵亡,德鲁苏斯遭暗杀。叛乱仍在继续。意大利同盟者希望建立一个新首都取代罗马,他们选择的是意大利半岛中部的科菲尼乌姆(Corfinium)为首都,同盟战争由此爆发。当然,由麦特鲁斯·皮乌斯(Metellus Pius)和其他有经验的军事将领指挥的罗马军队,对于同盟者而言是训练有素的。经过两年的斗争,同盟者被打败。最初应该做的也是最后做到的。执政官卢西乌斯·恺撒(Lucius Caesar)提议通过了"朱利安法",授予那些仍对罗马保持忠诚的同盟者以公民权(公元前90年),"帕皮里安法"(Papirian)给予那些允诺保持忠诚的同盟者以相同的优待。公元212年,卡拉卡拉皇帝颁布敕令,给予帝国境内所有自由民以公民权。

I

Janiculum(贾尼库鲁姆山)——罗马领土上的一座山脉,保护罗马免受伊达拉里亚人侵扰。该山脉通过苏比利西安(Sublician)桥连接罗马。

Jerusalem(耶路撒冷)——公元前64年,庞培占领了耶路撒冷;公元70年,罗马皇帝提图斯(Titus)摧毁了耶路撒冷。哈德良在位期间的公元132年,犹太人再次发动起义,罗马人在耶路撒冷的废墟上建立了名曰埃利亚·卡皮托里纳(Aelia Capitolina)的殖民地。

Jovian(约维安)——罗马帝国皇帝,公元363—364年在位,朱利安皇帝的继承人。约维安在位仅一年,政绩平平①。

Jugurtha(朱古达)——努米底亚国王,马西尼撒(Masinissa)之孙。朱古达通过谋杀堂兄获得王位。公元前112年,罗马人对朱古达宣战,决定惩罚朱古达。由于朱古达用金钱贿买了罗马的主要官吏,三年战争毫无进展。但公元前109年,军队的指挥权转移到昆图斯·凯希利乌斯·麦特鲁斯(Quintus Caecilius Metellus)手中之后,战事有些许起色。麦特鲁斯手下年轻军官盖乌斯·马略当选执政官,于公元前107年取代麦特鲁斯,获得军事指挥权。第二年,朱古达被马略手下军官苏拉俘获,押解到罗马,判处死刑②。

Julian(朱利安)——罗马帝国皇帝,公元360—363年在位。朱利安为君士坦提乌斯二世堂弟,曾被君士坦提乌斯二世选为"恺撒"。朱利安有能力,精力旺盛,恢复了他所统治的西部各行省的秩序。公元357年,朱利安击退了阿拉曼尼人的入侵,并在斯特拉斯堡将其打败。朱利安以"背教者"闻名③,因为他试图重建罗马人的多神崇拜。朱利安虽然没有下令对基督教徒进行迫害,但他所做的一切却是阻止基督教在自己的臣民中传播。朱利安发动对波斯国王萨普尔(Sapor Ⅱ.)二世的战争④,越过幼发拉底河,开凿了一条通向底格里斯河的运河,并于公元363年击溃了萨普尔二世的军队。返回途中,朱利安中标枪身亡,他的副手约维安继承了王位。

Julian Law(《朱利安法》)——该法律给予那些同盟战争中,对罗马保持忠诚

---

① 约维安虽然在帝国管理等方面无突出政绩,但他是一个基督徒,并使正统的基督教义成为官方支持的基督教义。

② 朱古达战争暴露了罗马政治的腐败。在此期间,朱古达曾到罗马城作证,但却毫发无损地离开罗马。

③ 朱利安登基后宣布宗教信仰自由,但结果是正统的基督教受到冲击。朱利安本人对基督教并未像他的前辈那样热心,甚至著书立说攻击基督教,改变了自君士坦丁大帝以来基督教在帝国社会的地位。

④ 朱利安对波斯的战争是其在位期间一项重要举措。远征波斯前期战绩堪称辉煌,而在后期则受制于后勤供给等,未能彻底战胜波斯。

的意大利同盟者公民权(参阅"意大利人问题")。

  Junonia(尤诺尼亚)——盖约·格拉古于公元前122年在迦太基废墟上建立的一座城市。后成为罗马人的殖民地。

  Jus auxilia(帮助权)——授予保民官保护债务人的权力,以及保护公民反对执政官或财务官过度严苛的权力。

  Jus exili(避难权)——授予拉丁殖民地铸造货币的权力,以及给予罗马流放者避难的权力。

  Jus imaginum(蜡制面像法)——一项允许执政官在家中陈设作为新贵象征祖先蜡制面像的法案。

  Juvenal(尤文纳尔)——罗马白银时代或图拉真统治时期的讽刺作家[①]。

---

① 尤文纳尔擅长借古讽今,他的作品对当时的各种社会弊病进行了揭露、批评。

Latin Colonies(拉丁殖民地)——军事要塞,例如,为了寻求保护在沃尔斯其边境由罗马人同盟者建立的要塞等。一个罗马人在殖民地定居,就会失去罗马公民身份。

Latin Confederacy(拉丁同盟)——拉丁同盟始建于公元前7世纪,旨在保护入盟成员不受邻近部落的袭扰。公元前340年至公元前338年(第一次萨谟奈战争之后),同盟与罗马人发生了战争,即"拉丁同盟战争",罗马人获得胜利,也由此获得了在拉丁姆的绝对优势(参阅"拉丁姆")。

Latin War(拉丁战争)——也被称为"拉丁同盟战争",指的是发生于公元前340年至公元前338年,罗马人与拉丁同盟成员之间的一场战争(参阅"拉丁姆""拉丁同盟")。

Latins(拉丁人)——占据台伯河南岸的两个主要民族之一,生活的区域为拉丁姆。罗马是拉丁城市。

Latium(拉丁姆)——位于亚平宁与海洋之间、台伯河南岸的平原,今名坎帕格纳(Campagna)。拉丁姆曾是拉丁联盟的根据地,主要城市阿尔巴隆伽为罗马占领。第一次和第二次萨谟奈战争之间,拉丁联盟嫉妒罗马,举兵反叛。此次起义即著名的拉丁战争。这场战争终结于拉丁联盟的瓦解,罗马则在公元前338年扩大了版图①。

Lepidus, Marcus Aemilius(雷必达,马尔库斯·埃米里乌斯)——恺撒麾下骑兵长官(恺撒第二次出任独裁官期间)②,也是后三头同盟之一。由于能力欠佳,逐渐退出政治舞台。

Licinian Laws(李锡尼乌斯法案)——公元前367年,由保民官盖乌斯·李锡尼乌斯·斯图罗(Gaius Licinius Stolo)提出的、旨在保护平民的诸项法律条文。主要有如下内容:

第一,两名执政官之一必须是平民;

第二,掌管《西比林预言书》的高级官吏团体必须由贵族和平民共同组成;

第三,债务人支付的利息应从本金中扣除,余额3年内支付;

第四,授予平民使用公共土地的权力,但使用面积不得超过250英亩;

---

① 通过拉丁战争,罗马不仅扩大了版图,而且人口也大幅度增加,更重要的是,此次战争结束后,罗马人和拉丁人的区别消失,实现了与拉丁人的融合。

② 后三头同盟结成后,"三头"划分了势力范围,雷必达被排挤到了非洲,一直避免卷入其他"两头"之间的明争暗斗。打败庞培之子后,屋大维与雷必达发生纷争,屋大维打败雷必达,将他的势力范围纳为己有。屋大维对自己的敌手网开一面,并未将其处死,还给他保留了一个祭司的虚衔。

第五,公共牧场放牧以 100 头大牲畜和 100 头小牲畜(例如,绵羊)为限制;

第六,限制大庄园使用奴隶耕作的数量,其余的劳动应由自由劳动者承担。

Licinius(李锡尼乌斯)——达契亚农民出身,公元 307 年被罗马皇帝加莱利乌斯任命为帝国西部统治者。公元 311 年,在君士坦丁统治帝国西部时,李锡尼乌斯和马克西敏(Maximin)同为帝国东部皇帝。李锡尼乌斯在哈德良堡战胜马克西敏,马克西敏死于公元 313 年。李锡尼乌斯屠杀了所有政敌的家族成员,成为帝国东部唯一的皇帝,并与君士坦丁妹妹结婚。随后,同君士坦丁的战争以签订和约收场,但在第二次战争中,李锡尼乌斯落入妻兄之手,公元 314 年在狱中被人勒死。

Lictor(侍从、侍从官)——走在执政官前面的罗马官吏,其职务标志是法西斯。

Lilybaeum(利里贝乌姆)——西西里西部一座迦太基人的城市①。公元前 249 年,第一次布匿战争期间遭到罗马人攻击。

Livy (Titus Livius)〔李维(提图斯·李维乌斯)〕——奥古斯都时代拉丁史学家(公元前 59 年至公元 19 年)②。

Lucania(路卡尼亚)——意大利南部位于托斯卡纳海和塔林敦湾之间的一个地区。第三次萨谟奈战争中,路卡尼亚人对罗马保持忠诚。

Luceres(鲁塞莱斯)——罗马最初的三个部落之一(参阅"拉姆尼斯""梯提斯")。

Lucretius Carus, Titus(卢克莱提乌斯·卡卢斯,提图斯)——最伟大的拉丁诗人之一(约公元前 99 年至公元前 55 年)。

Lucullus, Lucius Licinius(鲁库鲁斯,卢西乌斯·李锡尼乌斯)——典型的罗马豪门贵族,富有、奢侈③。鲁库鲁斯在战场上勇敢机智,但他过于自大,根本无法赢得士兵的信任。公元前 74 年,鲁库鲁斯指挥了对米特拉达梯六世的战争。

---

① 利里贝乌姆也是迦太基人的港口要塞。第一次布匿战争期间,迦太基的海军在这里集结。

② 李维,罗马著名历史学家,所著《建城以来罗马史》为传世名著。在这部历史著作中,李维的政治倾向、道德说教等昭然若揭。尽管历代史家对这部著作多有指责,但该书所占有、提供的资料对研习罗马史依然有重要价值。

③ 鲁库鲁斯为罗马史共和国末年的名将,也是苏拉的部将。在苏拉进军罗马时,鲁库鲁斯是唯一一名军官。鲁库鲁斯于公元前 74 年当选执政官,参加过罗马军队对亚洲的一些战争。传说中的鲁库鲁斯奢靡无度,纵情享乐,他的名字也由此成为奢靡铺张的代名词。

M

Macedonian Wars(马其顿战争)——第一次马其顿战争发生于公元前213年,时间短暂,过程也不复杂。此次战争的起因是汉尼拔与马其顿腓力五世签订了条约,而罗马人则要保护自己的权益。第二次马其顿战争是第一次马其顿战争的一个简单的继续,原因是罗马人渴望扩大在东方的统治。此时,腓力五世是叙利亚安提奥库斯大帝的盟友,亚该亚人和埃托利亚人则站在罗马人一边。开战之前,安提奥库斯抛弃了于公元前197年,在辛诺塞法利亚战役中被罗马名将弗拉米尼乌斯(Flamininus)打败的腓力五世。希腊宣布独立,摆脱了马其顿人的统治。腓力五世签订了和约。公元前179年,腓力五世死后,其子珀尔修斯继承王位,宣布与罗马人为敌。罗马人的昔日盟友罗得斯人(Rhodians)保持中立。帕加马国王尤米尼斯依旧是罗马人的朋友,但未提供任何支持。各种敌意在公元前172年的第三次马其顿战争中重新燃起。公元前168年,埃米里乌斯·鲍鲁斯(Aemilius Paulus)率领罗马人,在皮德纳(Pydna)打败珀尔修斯,并将其俘虏①。在罗马的主权下,马其顿被分为四个自治共和国。公元前146年,在冒充珀尔修斯之子的骗子发动起义遭镇压后,马其顿成为罗马一个行省②。

Macrinus(马克里努斯)——罗马帝国皇帝卡拉卡拉手下近卫军长官,公元217年,杀死卡拉卡拉夺得王位。马克里努斯在位不足一年,便被卡拉卡拉的远亲埃拉伽巴鲁斯击败并被杀死③。

Maecenas, Gaius Cilnius(麦塞纳斯,盖乌斯·希尔尼乌斯)——奥古斯都的顾问,但从不主动参与政治,而是保护艺术和文学,是贺拉斯和维吉尔(Vergil)的庇护人④。卒于公元9年。

Magna Graecia(大希腊)——希腊人早在公元前8世纪于意大利南部、西部建立的殖民地。这些殖民地繁荣富庶,并由此得名大希腊。大希腊的主要城市是塔林敦。

---

① 皮德纳战役中,马其顿军队2万人阵亡,万余人被俘。珀尔修斯在逃跑途中被俘,后死于狱中。

② 公元前151年至公元前146年进行的战争,实际上是第四次马其顿战争。战争的起因是王位觊觎者安德里斯库斯冒称珀尔修斯的儿子,自立为王,召集军队,反叛罗马,最终被罗马军队消灭。接下来,还有两人冒称珀尔修斯的儿子,反叛罗马,但都被罗马军队镇压。

③ 马克里努斯即位后,任命自己的儿子迪亚杜门尼安努斯(Marcus Opellius Antoninus Diadumenianus)为恺撒,成为帝国的共治皇帝。马克里努斯被杀后,迪亚杜门尼安努斯也未能幸免。

④ 麦塞纳斯(Gaius Cilnius Maecenas)是奥古斯都的伙伴、好友和政治顾问,也是奥古斯都在位期间新一代诗人(包括贺拉斯、维吉尔)的重要赞助人,并以资助年轻诗人扬名天下。他的名字由此成为文学艺术事业慷慨、开明资助者的代名词。英语中,Maecenas的主要意思即为"文学艺术资助者"。

Magnesia(马格尼西亚)——小亚西部一城市。公元前190年,卢西乌斯·斯奇皮奥·亚细亚梯库斯(Lucius Scipio Asiaticus)指挥罗马人在此地打败安提奥库斯(参阅"亚洲战争")。

Majorian(马约里安)——罗马帝国西部皇帝之一①。公元457—461年,马约里安坚定地抗击汪达尔人。由于李西默的影响,马约里安被处死。埃吉狄乌斯是马约里安手下在高卢的军事统帅。

Mamertines(马麦丁人)——叙拉古国王希罗手下雇佣兵的一部分。公元前271年,马麦丁人举兵反叛。尽管叙拉古人和迦太基人试图保护麦萨那(Messana)城,但还是被马麦丁人占领。马麦丁人向罗马人求援,罗马人答应了马麦丁人的请求,布匿战争由此爆发。公元前264年,希罗同罗马人签订了联盟条约。

1. Manlius,Marcus(曼利乌斯,马尔库斯)——公元前390年,高卢人入侵时保卫首都的罗马人。据说,这个保卫首都的罗马人是被用于朱诺崇拜的圣鹅叫声惊醒,发现了入侵的高卢人,保住了首都。

2. Manlius,Marcus(曼利乌斯,马尔库斯)——公元前63年,喀提林阴谋中,反叛军队的首领。

Marcellus,Claudius(马尔塞鲁斯,克劳狄乌斯)——公元前212年,围攻叙拉古的罗马军队统帅,也是叙拉古城的占领者。

Marcomani(马克曼尼人)——领土范围包括波西米亚(Bohemia)和巴伐利亚(Bavaria)的强悍部落。奥古斯都统治时代,马克曼尼人是罗马人的盟友,但马尔库斯·奥莱利乌斯(Marcus Aurelius)在位期间,马克曼尼人与罗马人为敌,进犯亚得里亚海沿岸,远达阿奎利亚。

1. Marius,Gaius(马略,盖乌斯)——拉丁姆城市阿尔庇努姆(Arpinum)一农夫②。罗马军队征讨朱古达时,马略是麦特鲁斯手下一军官。公元前107年当选执政官后,取代麦特鲁斯,被授予军事指挥权。朱古达战争以打败、俘获朱古达而告结束。公元前102年,马略在阿凯·塞克斯提亚打败了日耳曼游牧部落条顿人。第二年(公元前101年),马略与同僚、执政官卡图鲁斯(Catulus)一同在维切里附

---

① 比较而言,马约里安属于罗马帝国末年有所作为的君主。对外,马约里安最大的政绩是打退了汪达尔人对意大利的入侵。在内政方面,马约里则致力于改革,例如,颁布了一些法律,减轻民众负担,避免官僚贪污腐化等等。另外,关于马约里安的最后归宿,常见的观点是,公元461年8月,发生了一场兵变,马约里安被迫退位,几天后遭杀害。

② 马略的父亲是一个破产骑士的后代。马略早年出身贫寒,没有接受过正规教育,但也养成了吃苦耐劳的精神品格。

近的劳迪亚平原打败辛布利人。马略改组了军队①。马略出身于村夫俗子,为诸如保民官萨尔图尼乌斯(Saturninus)和大法官格劳西亚(Glaucia)等不择手段之辈所左右。马略第六次出任执政官,同萨尔图尼乌斯和格劳西亚等三人试图掌控罗马政府。在罗马广场发生的一场冲突中,罗马豪贵拿起武器,打败了改革者,萨尔图尼乌斯和格劳西亚殒命广场,马略也由此失势。米特拉达梯战争爆发,主要军事指挥权授予了执政官苏拉。苏尔皮西乌斯(Sulpicius)和平民派试图把军事指挥权交给马略,内战因此爆发。苏拉进军罗马,打败了他的政敌。马略出逃,在罗马南部拉丁姆沿岸的闽图尔内(Minturnae)沼泽避难。公元前88年,马略从这里逃到被毁灭的迦太基。公元前87年,两名分属不同政治派别的执政官奥克塔维乌斯(Octavius)和秦纳之间针锋相对,在罗马广场的冲突中,秦纳被打败。秦纳召集军队,请求马略援助,并以胜利者的身份进入罗马。接下来,马略等人开始了一场持续5天的大屠杀,在此期间,大批马略政敌遭屠戮,其中包括曾与他一起打败辛布利人的执政官同僚卡图鲁斯。第二年(公元前86年),马略第七次当选执政官,在任几天后死去。

2. Marius, Gaius(马略,盖乌斯)——军事改革家马略之子(参阅"苏拉")。

Martial (Marcus Valerius Martialis)〔马夏尔(马尔库斯·瓦莱利乌斯·马尔提亚利斯)〕——古罗马著名拉丁讽刺诗作家(公元40—102年)②。

Masinissa(马西尼撒)——努米底亚国王③,朱古达之祖父。公元前202年札马战役中,马西尼撒帮助罗马人同迦太基人交锋。公元前152年,因马西尼撒借故和迦太基人闹翻,导致了第三次布匿战争的爆发。三年后死去。

Massilia (modern Marseilles)〔马西利亚(今天的马赛)〕——位于罗恩河口南部高卢的希腊城市。公元前49年,恺撒占领了马西利亚,但仍是自由的共和国,名义上归罗马管辖。

Maxentius(马克森提乌斯)——罗马帝国皇帝,公元306—312年在位,系戴克里先四帝共治中西部皇帝马克西米安之子。公元306年,君士坦提乌斯一世去世后,军队拥戴他的儿子君士坦丁为帝,马克森提乌斯则在罗马称王。多个皇帝在争

---

① 马略所进行的军事改革是罗马共和国历史上最重要的改革之一,也是罗马军事史上转折点式的改革。马略军事改革的主要内容包括:扩充兵员,改变了兵农合一的临时征兵制,以职业军人取代了公民兵;改革军队的编制,把军团扩大到6 000人,且每一个军团有自己的军旗;改革了兵种,提高了军队的机动性和灵活性。

② 马夏尔出生于西班牙,青年时期来到罗马。他的第一部诗集是公元80年问世的《斗兽表演记》。马夏尔还是铭辞作家,写下了1 500多首铭辞,许多成为后世传诵的警句。

③ 马西尼撒在位期间统一了努米底亚,使游牧部落走向定居。马西尼撒统治下,努米底亚发展生产,加强同欧洲大陆的联系,并创造了努米底亚人自己的文字。

霸和火并过程中，公元312年，君士坦丁一世和马克森提乌斯在罗马城附近的马尔维安桥展开决战，马克森提乌斯军队战败，他本人坠河溺亡。

Maximian（马克西米安）——戴克里先统治罗马帝国东部时，马克西米安为帝国西部奥古斯都。马克西米安虽然退位，但却再次复出，于公元310年为君士坦丁一世所杀①。

1. Maximin（马克西敏）——罗马帝国皇帝，公元235—238年在位②。马克西敏杀死了皇帝亚历山大·塞维鲁斯（Alexander Severus）后，继承了王位。公元238年，马克西敏自杀身亡。

2. Maximin（马克西敏）——公元311年，与李锡尼乌斯（Licinius）同任帝国东部皇帝③。公元313年，马克西敏在哈德良堡被李锡尼乌斯打败，同年死去。

Maximus（马克西姆斯）——杀死瓦伦提尼安三世的凶手，并于公元455年登基称王。马克西姆斯希望与瓦伦提尼安三世遗孀尤多西娅结婚，但遭到拒绝。尤多西娅向汪达尔国王盖塞利克求助，结果盖塞利克劫掠了罗马城。马克西姆斯第二年遭罢黜④，马约里安继承王位。

Mazdeism（马资达教、祆教）——琐罗亚斯德教，波斯早期的宗教信仰。该宗教确认，在统治这个世界的善良神欧马资德（Ormuzd）与邪恶之神阿里曼（Ahriman）之间存在着持续不断的斗争⑤。

Mediolanum（modern Milan）〔米迪奥拉努姆（今天的米兰）〕——意大利北部城市，戴克里先统治时期为西部帝国都城。在拉文纳成为西部帝国首都后，米兰成为

---

① 公元306年，退位后的马克西米安应儿子马克森提乌斯之邀，重新出山。在与儿子争夺统治权失败后，马克西米安逃往女婿君士坦丁一世之处寻求庇护。关于马克西米安之死，流行的说法是，公元310年，马克西米安借君士坦丁一世出兵在外之机，发动兵变，企图夺权。君士坦丁一世回师将马克西米安包围在马赛，马克西米安被迫自杀。

② 马克西敏也被称为马克西米努斯·色雷克斯（Maximinus Thrax）。马克西敏出身于色雷斯行省，是罗马帝国历史上第一个蛮族出身的皇帝。马克西敏登基，在罗马帝国历史上有特殊意义，不仅在于他出身蛮族，而在于他的登基拉开了著名的三世纪危机的序幕。关于马克西敏之死，比较流行的说法是，他遭遇军队兵变时，军队宣布效忠元老院，并和元老院新选出的皇帝一起将其杀死，而非自杀身亡。

③ 马克西敏一般被称为"马克西米努斯·达亚"（Maximinus Daia）。公元313年，马克西敏与同为东部皇帝的李锡尼乌斯决裂，战败后在逃亡途中死去。

④ 马克西姆斯堪称帝国历史上又一个短命皇帝——在位仅仅两个月。马克西姆斯出身罗马名门望族，杀死当朝皇帝自己称王。马克西姆斯向尤多西娅逼婚，尤多西娅向汪达尔人求援，在盖塞利克攻击罗马城时，马克西姆斯企图逃走，被罗马市民杀死。

⑤ 原名琐罗亚斯德教，公元前6世纪由波斯人琐罗亚斯德创立，传入中国后译为祆教、火祆教主、苏鲁支教、波斯教等。

军事中心。大约在"民族战争"一年之后,阿提拉将米兰占为自己的居住地。

Messalina(美萨丽娜)——罗马皇帝克劳狄乌斯第一任妻子,以邪恶淫荡闻名罗马史。公元48年,美萨丽娜被杀。

Messana(麦萨那)——意大利东北部一座城市,公元前264年曾被马麦丁人围困。

Metaurus(麦陶鲁斯河)——山南高卢南部一条河流,注入亚得里亚海。公元前206年,罗马执政官尼禄和李维乌斯(Livius)在这里打败并杀死哈斯德鲁巴。

1. Metellus, Quintus Caecilius (Numidicus)〔麦特鲁斯,昆图斯·凯希利乌斯(努米底库斯)〕——公元前109年执政官,曾率领罗马军队出兵努米底亚,镇压朱古达,并启用马略为副将。其名字中的"努米底库斯(Numidicus)"意为"努米底亚的征服者"(参阅"朱古达")。

2. Metellus, Quintus Caecilius(Pius)〔麦特鲁斯,昆图斯·凯希利乌斯(皮乌斯)〕——曾与朱古达交战的罗马将领麦特鲁斯之子,参加过同盟战争,内战中加入苏拉阵营,并被派兵与马略党人塞尔托利乌斯(Sertorius)作战。

3. Metellus, Quintus Caecilius (Scipio)〔麦特鲁斯,昆图斯·凯希利乌斯(斯奇皮奥)〕——与加图同为共和派领袖,公元前46年,在塔普苏斯被恺撒打败。

Minturnae(闽图尔内)——托斯卡纳沿岸城市,位于罗马南部,马略曾在此处避难。

Mithradates Ⅵ.(米特拉达梯六世)——小亚本都国王。米特拉达梯六世企图占领与他的王国相毗邻的领土,这些领土也是帕加马国王阿塔鲁斯三世留给罗马人的领土。米特拉达梯六世杀死了罗马总督,屠杀了一大批罗马人。罗马向米特拉达梯六世宣战,授予苏拉军事指挥权。公元前88年,苏拉打败米特拉达梯六世,迫使其放弃所征服领土,并支付战争赔偿。第一次米特拉达梯战争到此结束。米特拉达梯六世与苏拉在行省的继任者穆瑞那(Murena)再燃战火。这场名曰第二次米特拉达梯的战争无果而终(公元前83年)。虽然双方签订了条约,但公元前74年,米特拉达梯六世撕毁条约,再次威胁罗马人在亚洲的权力。鲁库鲁斯(Lucullus)被委以军事指挥权,虽然取得了几次战争的胜利,但都不是决定性的胜利。公元前67年,庞培率军征伐米特拉达梯六世,并将其打败。米特拉达梯六世领土的主要部分成为罗马人的一个行省。米特拉达梯六世后来被亲生儿子杀死。

Mucianus(穆西亚努斯)——叙利亚总督。公元68年,曾奉韦伯芗之命,推翻维特利乌斯的统治。

Mulvian Bridge(马尔维安桥)——台伯河上一座桥梁。公元312年,君士坦丁大帝在这里战胜对手马克森提乌斯（Maxentius），并将其尸体抛入台伯河①。这次战役的胜利使君士坦丁成为帝国西部唯一一位皇帝。

Mummius, Lucius（穆米乌斯，卢西乌斯）——科林斯的毁灭者②。

Munda（蒙达）——古代西班牙一座城市。公元前45年，恺撒在这里打败庞培的两个儿子格内乌斯（Gnaeus）和塞克斯图斯。

Mutina（modern Modena）〔穆提纳（现代意大利摩德纳）〕——罗马西北部一座城市。公元前43年，后三头组建之前，戴西乌斯·布鲁图斯（Decimus Brutus）在这里打败安东尼。

Mylae（米莱）——西西里西北部一座城市，也是第一次布匿战争第一次重要战役的发生地。公元前260年，杜伊里乌斯指挥罗马人多次获得战争胜利。

---

① 关于马克森提乌斯之死，流行的说法是，在激战中，马克森提乌斯坠河身亡。
② 战胜并摧毁了科林斯之后，卢西乌斯·穆米乌斯的名字上又加上了"Achaicus"，意思是"亚该亚的征服者"，他的名字全称也由此变为Lucius Mummius Achaicus。

N

Nero Claudius, Tiberius(尼禄·克劳狄乌斯,提比略)——克劳狄王朝第二任也是最后一任皇帝,公元54—68年在位。尼禄继承了克劳狄乌斯的王位。虽然尼禄原本没有继承王位的权利,克劳狄乌斯和(第一任妻子)美萨丽娜之子布列塔尼库斯(Britannicus)才是法定继承人,但克劳狄乌斯的第二任妻子小阿格里品娜,迫使克劳狄乌斯确认她和前任丈夫所生的尼禄为继承人。由于哲学家塞内加(Seneca)和近卫军长官布鲁图斯的指导,在尼禄登基后的前四年里,帝国充满希望。但好景不长,尼禄的邪恶与歹毒便暴露无遗。尼禄迷恋波佩娅·萨比娜(Poppaea Sabina)①,将自己的妻子奥克塔维娅(Octavia)弃之一边,后来竟将奥克塔维娅处死。布列塔尼库斯(Britannicus)之死也是尼禄的旨意。塞内加也被一个被释奴提格里努斯(Tigellinus)排挤一边,后遭杀害。尼禄的生母小阿格里品娜同样遭杀戮。在提格里努斯的影响下,尼禄的恶习与日俱增。人们确信尼禄是公元64年罗马大火的纵火人②,而他却嫁祸于基督徒,并借此对基督徒进行大迫害。但罗马也获得重建。公元68年,高卢爆发温德克斯领导的起义,西班牙总督伽尔巴则自立为王。北日耳曼总督维尔吉尼乌斯(Verginius)宣布支持伽尔巴。元老院宣布尼禄为国家公敌,并判处尼禄死刑,尼禄逃到一个被释奴家中避难。在尼禄听到士兵到来的声音后,便让这个被释奴结束了自己的性命(公元68年)③。

Nerva(尼尔瓦、涅尔瓦)——罗马皇帝,公元96—98年在位。元老院选择元老尼尔瓦继承多米提安王位④。尼尔瓦选择图拉真为王位继承人。

Nicaea(尼西亚)——尼克米迪亚附近、彼泰尼亚东部一座小亚城市,公元325年在这里召开了著名的尼西亚会议。君士坦丁以大祭司长身份主持了会议,会议解决的宗教争端是:耶稣与生父是否同质? 阿塔纳西乌斯(Athanasius)持肯定态度,阿里乌斯持否定观点。君士坦丁站在阿塔纳西乌斯一边,阿塔纳西乌斯的观点由此成为教会的正统教义。

Nicomedia(尼克米迪亚)——彼泰尼亚一座城市,也是戴克里先治下罗马帝国东部首都,戴克里先皇帝定居于此。君士坦丁大帝统治时期,尼克米迪亚不再是帝国东部首都。

---

① 公元62年,尼禄与奥克塔维娅离婚,与萨比娜结婚。

② 公元64年罗马大火已成为千古之谜。其中一个说法是,尼禄想要扩建自己的皇宫,借夜深人静时,遣人放火烧毁了民房。只不过火势过猛,难以控制,不仅烧毁了大片民居,也使大片罗马城区化为焦土。但当代学者经过研究后认为,罗马大火属意外事件。

③ 关于尼禄之死,学术界主流观点认为尼禄系自杀身亡。

④ 尼尔瓦曾是尼禄宠臣。尼禄垮台后,尼尔瓦投向韦伯芗,后又与多米提安关系甚密。尼尔瓦在位仅仅两年,但不仅是著名的"五贤帝"之一,也是帝国历史上最后一个出生在意大利的、非罗马公民身份的皇帝。

Numa Pompilius(努马·庞皮利乌斯)——萨宾人,继罗慕路斯(Romulus)之后称王[①]。努马因创设宗教机构而赢得声望。

Numidia(努米底亚)——北部非洲一个地区(今天的阿尔及利亚)。努米底亚国王马西尼撒曾在公元前202年札马战役中援助罗马人。马西尼撒之孙朱古达被苏拉俘获,并处以极刑,努米底亚就此成为罗马人的一个行省。

[①] 努马·庞皮利乌斯为罗马王政时代七王之第二王。人们将建立法律、风俗礼仪等归功于努马。

1. Octavia(奥克塔维娅)——屋大维妹妹。奥克塔维娅曾嫁给安东尼,后因安东尼迷恋克利奥帕特拉与之离婚。

2. Octavia(奥克塔维娅)——尼禄皇帝之妻,后被尼禄所杀。

Odenatus(欧迪纳图斯)——帕尔米拉国王,曾是罗马人对波斯萨普尔战争中的盟友。公元267年,欧迪纳图斯被杀后,王位由妻子芝诺比娅继承(参阅"加列努斯")。

Odovacar (Odoacer)(奥多雅克)——意大利蛮族士兵首领。奥多雅克为保证士兵们能够分得土地,发动起义,推翻了西罗马帝国皇帝罗慕路斯·奥古斯图鲁斯(Romulus Augustulus)①,将意大利置于东部皇帝芝诺(Zeno)统治之下,他本人则成为罗恩河与卢瓦尔河之间大片土地所有者,但于公元480年被迫交给了西哥特国王尤里克。公元493年,奥多雅克被提奥多里克推翻并杀死。

Optimates(贵族派)——由罗马豪门贵族组成的派别,格拉古兄弟改革期间形成,与之相对立的是由普通民众组成的平民派②。

Ormuzd(欧马资德)——波斯早期宗教琐罗亚斯德教(马资达教、袄教)中,统治这个世界的善良之神(参阅"马资达教、袄教")。

Orodes(奥罗得斯)——帕提亚国王。为确保自己能够登上王位,奥罗得斯领导了引发其兄米特拉达梯三世死亡的革命。前三头之一的克拉苏与奥罗得斯发生冲突,奥罗得斯在卡莱战役中兵败身亡。

Ostia(奥斯提亚)——位于台伯河口,由安库斯·马尔西乌斯建造的重要港口。由于旧港口泥沙淤积,已无使用价值,克劳狄乌斯皇帝建造了一座新港口。

Ostrogoths(东哥特人)——东哥特人是哥特人的一个分支,原住在黑海草原西部。公元3世纪时,东哥特人曾建立了自己的王国。公元493年,狄奥多里克建立了东哥特王国,定都意大利拉文纳。东哥特王国后被拜占庭帝国灭亡,东哥特人作为一个民族不复存在(参阅"哥特人")。

Otho(奥托)——尼禄皇帝放荡成性的伙伴。伽尔巴被杀后,近卫军将奥托拥上王位。下日耳曼军队举兵反叛,宣布维特利乌斯(Vitellius)为皇帝。维特利乌斯在普拉森提亚进攻奥托,战胜奥托,奥托自杀。

Ovid (Publius Ovidius Naso)〔奥维德(普布里乌斯·奥维狄乌斯·纳索)〕——黄金时代诗人(公元前42年至公元18年)③,《变形记》作者。

---

① 奥多雅克推翻西罗马帝国皇帝的年份为公元476年,是年成为罗马帝国灭亡的年份。奥多雅克不仅推翻了西罗马帝国的皇帝,而且他本人也成为意大利第一个日耳曼蛮族皇帝。

② 罗马共和国末年政治舞台上的两大派别。贵族派以老加图等人为代表,平民派以格拉古兄弟等人为代表。

③ 奥维德是与维吉尔、贺拉斯等人齐名的诗人。奥维德的代表作除了《变形记》之外,还有《爱的艺术》《爱情三论》等。

Padus（modern Po）〔帕杜斯河（今天的波河）〕——意大利东北部一条河流，流经阿尔卑斯山和北部亚平宁山脉之间的平原，注入亚得里亚海。

Palatine（帕拉丁）——罗马城七丘之一，罗马城最初的城址即在此地①。

Palmyra（帕尔米拉）——阿拉比亚（阿拉伯半岛）一座城市，为罗马皇帝奥莱里安所毁（参阅"芝诺比娅"）②。

Paris（Lutetia Parisiorum）〔帕里斯（鲁特提亚·帕里斯奥卢姆）〕——巴黎西人（Parisii）的主要城镇市，位于塞纳河畔。曾是朱利安皇帝的都城，也是埃吉狄乌斯与斯亚哥利乌斯父子的首府。

Parthia（帕提亚）——帕提亚帝国位于小亚东部，曾是庞大的塞琉古帝国的一部分。安提奥库斯死后，米特拉达梯大帝的征服触角远抵幼发拉底河，使帕提亚远离了罗马人的势力范围。公元前54年，帕提亚爆发革命，米特拉达梯三世被推翻，命丧黄泉，他的弟弟奥罗得斯继承王位。罗马前三头之一的克拉苏急于战胜自己的对手恺撒，出兵东方，但公元前53年却在卡莱战败身亡。图拉真皇帝出兵帕提亚，征服了美索不达米亚，但图拉真的继任者哈德良却停止了征服行动。公元226年，帕提亚帝国彻底倾覆，并为波斯帝国所取代。

Pater Familias（家父）——参阅"氏族"。

Patricians（贵族）——贵族是指在氏族构成时代，罗马的第一批家族成员。起初，贵族们拥有全部政治权利（参阅"森都里亚会议"）。与贵族相对立的社会成员是平民，即被征服的拉丁城镇的居民。平民最初几乎没有任何政治权利，但他们的处境通过贸易、通婚权、坎努里阿安法，以及土地法和通婚法等逐步得到改善。

Pergamus（帕加马）——小亚希腊化古国，位于地中海沿岸，都城帕加马城。阿塔鲁斯王朝统治帕加马王国期间，重视文化事业，故此，帕加马拥有一座扬名天下的图书馆（仅次于亚历山大里亚图书馆）。公元前133年，阿塔鲁斯三世死后无嗣，把王国遗赠给了罗马（参阅"亚洲战争""阿塔鲁斯三世"）。

Perseus（珀尔修斯）——马其顿腓力五世之子。公元前168年，皮德纳战役中失利③，成为罗马人的阶下囚。

Persius（Aulus Persius Flaccus）〔珀西乌斯（奥鲁斯·珀西乌斯·弗拉库

---

① 帕拉丁山位于七丘之中央，是一个大约高40米左右的四边形高地，亦为帝国王宫所在地。

② 帕尔米拉城为帕尔米拉帝国的首都。帕尔米拉帝国始建于公元前64年，位于今天的叙利亚（当时为罗马与帕提亚帝国之间）。芝诺比娅当政时，帕尔米拉繁荣一时，帕尔米拉城成为东西文明交汇处的明珠。

③ 皮德纳战役之前，珀尔修斯指挥的马其顿军队曾数度战胜罗马军队。

斯)〕——尼禄统治时期拉丁讽刺作家(公元34—62年)①。

Pertinax(皮尔提纳克斯)——公元193年前三个月内在位的罗马皇帝之一②。后为士兵所杀。

Pharnaces(法纳西斯)——本都国王,米特拉达梯之子。法纳西斯曾与恺撒为敌,但在公元前47年被恺撒击败。

Pharsalus(法萨鲁)——帖萨利一座城市。公元前48年,恺撒在此地击溃庞培,并使之逃往埃及③。

Philip V.(腓力五世)——马其顿强权国王(公元前221年至公元前179年),迪米特里乌斯(Demetrius)之子。腓力五世曾统治希腊大部分领土。公元前213年,腓力五世和汉尼拔签订和约,由此导致第一次马其顿战争爆发。公元前197年,辛诺塞法利亚战役中④,腓力五世被弗拉米尼努斯指挥的罗马军队打败(参阅"马其顿战争""亚洲战争")。

Philippi(腓力比)——马其顿一座城市。公元前42年,屋大维和安东尼在这里打败了布鲁图斯和卡西乌斯⑤。

Picenum(皮塞努姆)——公元前295年森提努姆战役后,被罗马人吞并的亚得里亚海滨大片领土。

Placentia(普拉森提亚)——山南高卢一座城市,位于波河岸边。第二次布匿战争期间,这里是汉尼拔进攻罗马的基地。公元69年,维特利乌斯在这里战胜奥托。

Placidia(普拉斯蒂娅)——瓦伦提尼安三世之母(参阅"阿陶尔夫")。

Plautus, Titus Maccius (254 – 184 B.C.)〔普劳图斯,提图斯·马尔库斯(公元

---

① 珀西乌斯出身于骑士家庭。珀西乌斯信奉斯多噶学派哲学,在他的作品中,往往站在斯多噶哲学的立场上,讨论各种道德伦理问题。

② 公元192年12月31日,康莫都斯为近卫军所杀,皮尔提纳克斯被推举为皇帝,但在位仅仅87天,为罗马帝国历史上又一短命皇帝。

③ 法萨鲁之战是恺撒打败对手庞培的决定性战役。战败后的庞培逃亡埃及,在埃及被枭首。前三头此时只剩下恺撒"一头"。法萨鲁战役的胜利实际上奠定了恺撒独裁的基础。

④ 辛诺塞法利亚战役是第二次马其顿战争中的决定性战役。战败后的马其顿被迫签订条约,从希腊全部撤出,给付罗马人巨额战争赔款。条约还规定,不经罗马人允许,马其顿不得与他国开战等。

⑤ 腓力比战役系屋大维、安东尼对行刺恺撒凶手的复仇之战,以屋大维和安东尼获胜告终。这次战役双方伤亡人数不详,但安东尼成为这场战役最大受益者,1.4万名投降者中,大部分加入到安东尼阵营。

前254年至公元前184年)]——拉丁喜剧作家,有20部作品流传至今①。

Plebeians(平民)——参阅"贵族"。

Pliny the Elder (Gains Plinius Secundus Maior)〔老普林尼(盖乌斯·普林尼乌斯·塞昆都斯)〕——罗马帝国时代著名的、百科全书式的作家,具有里程碑意义的37卷本《自然史》(Historia Naturalis,或《博物志》)作者②。死于维苏威火山喷发。

Pliny the Younger (Gains Plinius Caecilius Seciindus Minor)〔小普林尼(盖乌斯·普林尼乌斯·凯希利乌斯·塞昆都斯)〕——老普林尼外甥,被老普林尼收为养子③。小普林尼现存作品有《颂词》(Panegyricus,图拉真颂词),以及10卷本书信集(Epistles)。小普林尼死亡日期和死亡原因不详。

Pollentia(波伦提亚)——意大利东北部城市,公元402年,斯迪里克在此地战胜西哥特国王阿拉里克一世。

Pompeii(庞贝城)——意大利一古城,位于意大利西南海岸的坎帕尼亚。庞贝城曾是罗马第二大繁华富裕的城市。公元前79年,威苏维火山喷发,庞贝城被掩埋于火山灰下(参阅"赫库兰尼姆城")。

Pompeius Magnus, Gnaeus (Pompey the Great)〔庞培·马格努斯,格内乌斯(伟大的庞培)〕④——庞培是苏拉的追随者之一,曾受苏拉指派,前去同马略党人塞尔托利乌斯作战。公元前71年,返回途中,与斯巴达克斯起义军的残部相遇,庞培将其消灭,进而获得本应属于克拉苏的胜利荣耀(参阅"斯巴达克斯")。公元前70年,庞培与克拉苏一同当选执政官,两人同M.皮乌斯(M. Pius)一起抛弃了苏拉宪政的主要部分。庞培被授权清理地中海海盗。庞培获得了成功,并征服了本都西南部的西里西亚(Cilicia),公元前69年,西里西亚连同塞浦路斯岛一起成为罗马人的一个行省。庞培随后又把注意力转向米特拉达梯六世,迫使其退居黑海(Euxine)北岸。在那里,米特拉达梯六世为自己的儿子所杀,第三次米特拉达梯战争由此结束(公元前65年)。庞培又将叙利亚变成了罗马行省,除了耶路撒冷之外,庞培没有遇到抵抗。庞培占领了抵抗他的耶路撒冷,于公元前64年返回罗马。庞培

---

① 普劳图斯是罗马历史上第一个有完整作品传世的喜剧作家。据说,普劳图斯一生中创作了130部以上的喜剧作品,流传至今的20部作品仅为其中一小部分。普劳图斯的代表作主要有:《孪生兄弟》《一坛黄金》《吹牛军人》等。

② 老普林尼一生勤奋好学,著有7部著作,内容涉及军事、历史、修辞、自然等,但只有《自然史》流传至今。

③ 老普林尼终身未娶,死后按照他的遗愿,把自己的外甥收为养子,即小普林尼。小普林尼的书信集非常著名,其中前9卷中共涉及105个收信人。

④ 庞培在非洲战场上表现突出,仅仅用了40天时间就占领了努米底亚,征服了非洲。苏拉迫不得已为庞培举行了非洲之战的凯旋仪式,并将"伟大的"称谓授予庞培。

与克拉苏、朱利乌斯·恺撒组成了前三头同盟。庞培与恺撒为敌①,逃至帖撒罗尼卡,在那里,庞培组建与恺撒分庭抗礼的政府。公元前48年法萨鲁战役,庞培被恺撒打败,逃至埃及,托勒密廷臣下令将其枭首。公元前45年,庞培的两个儿子格内乌斯与塞克斯图斯在蒙达被恺撒打败。

Pompeius, Sextus(庞培乌斯,塞克斯图斯)——伟大的庞培胞弟。公元前35年,后三头期间殒命。

Pons Sublicius(苏布里西乌斯桥)——台伯河上连接贾尼库鲁姆山和罗马城的桥梁。

Pontifex Maximus(大祭司长、最高祭司)——古罗马时代的宗教首脑②。该头衔曾授予恺撒,君士坦丁大帝及其后继者也曾拥有该头衔,后被格拉提安皇帝放弃。

Pontius, Gaius(庞提乌斯,盖乌斯)——萨谟奈将军,曾于公元前321年第二次萨谟奈战争中,在考狄昂峡谷俘虏罗马军队官兵。

Pontus(本都)——位于本都斯黑海(Pontus Euxinus)南岸小亚北部一城邦③。本都的统治者之一为米特拉达梯六世,也是罗马人的劲敌,于公元前65年被庞培打败。

Populares(平民派)——格拉古兄弟改革期间由平民组成的派别,与贵族派相对立。

Porsena, Lars(波森纳,拉尔斯)——曾与罗马发生战争的伊达拉里亚城邦柯鲁西乌姆国王。李维记载,被罗马人驱逐的塔克文及其家人受到波森纳的保护,为了帮助塔克文重新登上王位,波森纳对新生的共和国罗马发动了战争,但未能成功(参阅"柯鲁西乌姆")。

Postumius, Aulus(波斯图米乌斯,奥鲁斯)——罗马早期独裁官之一。波斯图米乌斯获得的标志性胜利,是在阿尔吉都斯山战胜了埃奎人和沃尔斯其人,并于公元前431年再度担任独裁官这一重要职务。据说,波斯图米乌斯下令处死战场上违抗军令的亲生儿子。

---

① 前三头结盟时,为了和恺撒勾结,年近50岁的庞培迎娶恺撒年仅14岁的女儿尤丽娅为妻。

② 大祭司长是古代罗马宗教中最重要的官职。开始时,大祭司长只能由贵族担任,直至公元前254年,平民经过反对贵族的斗争,方出现了第一个平民出身的大祭司长。

③ 本都即本都王国,亦称本都帝国。本都王国由米特拉达梯一世于公元前302年,亚历山大大帝死后混乱中建立。本都王国在米特拉达梯六世统治期间繁荣一时,并成为小亚地区强国。在庞培打败米特拉达梯六世后的公元前64年,本都被罗马吞并。

Prefects(行政长官)——奥古斯都统治初期设置的三个重要高级官职。其中之一负责罗马城市谷物供应,另一个是管理罗马城市的市政长官,第三个是皇帝卫队——近卫军司令官,被称为近卫军长官(*praetorian praefect*)。

Praetor(大法官)——根据公元前367年李锡尼乌斯法案所设置的官职,将执政官的国内司法管理职能转移给新设置的大法官,大法官(设置之初)必须是贵族。根据苏拉颁布的法律,大法官的人数增加至8人。

Propertius, Sextus Aurelius(普罗珀尔提乌斯,塞克斯图斯·奥莱利乌斯)——奥古斯都时代挽歌体诗人[①]。

Proscription(公敌宣判)——苏拉创立的一项制度,依据该制度,每天早上公布他的政敌的名单。任何人都可以杀死那些出现在名单上的人,且不受到任何惩罚,被杀者财产没收充公。大约5 000人在这场血腥的"公敌宣判"中罹难。

Prusias(普卢西亚斯)——即普卢西亚斯一世,彼泰尼亚国王,大约公元前228年至公元前182年在位。罗马人与安提奥库斯三世进行战争时,普卢西亚斯保持中立。曾为避难的迦太基名将汉尼拔提供庇护(参阅"汉尼拔")。

Ptolemies(托勒密王朝)——占据埃及王位的皇族。公元前47年,恺撒军队追赶下,庞培逃至亚历山大里亚,被人枭首期间,该王族的成员之一托勒密十三世被姐姐克利奥帕特拉推翻。

Publilian Laws(普布里乌斯法案)——公元前339年,由平民独裁官昆图斯·普布里乌斯·菲洛(Quintus Publilius Philo)促成通过的三部法律。第一部法律增加了平民大会的权力;第二部法律剥夺了贵族违宪的宣战权力;第三部法律作为强制性规定,两名监察官之一必须是平民。

Punic Wars(布匿战争)——罗马人和迦太基人之间共发生了三次布匿战争。第一次布匿战争发生于公元前264年至公元前241年,战争的起因是叙拉古国王希罗的雇佣兵马麦丁人起义,背叛了希罗,围攻麦萨那城,并得到了罗马人的支持,尽管叙拉古与迦太基提出抗议。战争由此爆发。罗马人组建了一支海军,在盖乌斯·杜伊里乌斯指挥下,于公元前260年赢得了米莱战役的胜利。执政官马尔库斯·阿提利乌斯·莱古鲁斯(Marcus Atilius Regulus)把战火烧到了非洲。初期,罗马人赢得了胜利,但后来不仅被打败,而且一部分人还成为迦太基人的俘虏[②]。此外,在利里贝乌姆和厄科特山,罗马人被迦太基将军哈米尔卡·巴尔卡打败。罗马人组建了一支新型的海军交由卡图鲁斯(Catulus)指挥,卡图鲁斯于公元前241年,

---

① 普罗珀尔提乌斯出身于一个骑士家庭,与罗马著名诗人维吉尔等为同时代人,以写哀歌体诗歌,尤其是爱情哀歌而闻名。普罗珀尔提乌斯有90首诗作流传至今,大部分为爱情哀歌。

② 被俘的罗马人中包括了执政官莱古鲁斯,以及其他500名罗马骑兵。

在埃加特斯群岛（Aegates Islands）战胜迦太基人，结束了第一次布匿战争。

第二次布匿战争由罗马夺取萨丁尼亚（Sardinia）和科西嘉（Corsica）①，迦太基人同时出兵镇压两地的军队叛乱引发。哈米尔卡·巴尔卡之子汉尼拔于公元前219年，袭击并出兵占领罗马人的盟友西班牙的萨贡图姆（Saguntum）。汉尼拔沿比利牛斯山进入高卢，继而越过阿尔卑斯山，使山南高卢诸部落成为自己的盟友。罗马军队在波河流域的普拉森提亚和提西努斯河连遭败绩，罗马军队的指挥官、执政官普布里乌斯·斯奇皮奥（Publius Scipio）也身受重伤，同僚塞姆普洛尼乌斯（Sempronius）接替他的军事指挥权，也在特来比亚河被汉尼拔打败。汉尼拔蒙骗执政官弗拉米尼努斯，越过亚平宁山，部署军队使盖乌斯·弗拉米尼努斯与罗马分离，并于公元前217年，在特拉西米诺湖重创罗马军队，弗拉米尼努斯殒命疆场。第二年，罗马军队再次遭到前所未有的坎尼战役的惨败。执政官瓦罗指挥的军队溃不成军，几乎被全歼。公元前214年，汉尼拔撤退到卡普亚。公元前212年，马尔塞鲁斯指挥罗马人重新征服了叙拉古——在国王希罗死后与迦太基结盟的叙拉古。也正是在此次围城期间，著名的哲学家、数学家阿基米德被罗马士兵杀死。第二年，罗马人收复了卡普亚和塔林敦。汉尼拔之弟哈斯德鲁巴在西班牙被普布里乌斯·斯奇皮奥打败，公元前206年，在麦陶鲁斯河战役中，执政官尼禄打败并杀死了哈斯德鲁巴。斯奇皮奥·阿非利加努斯成功降伏西班牙，并得到努米底亚国王马西尼撒的帮助，在公元前202年扎马战役中，彻底击溃汉尼拔的军队。罗马与西班牙，以及地中海诸岛屿签订和约。迦太基交出几乎全部战船，并支付巨额战争赔偿②。

第三次布匿战争。罗马人依然嫉恨迦太基，监察官加图一直鼓动消灭迦太基③。罗马人的盟友、努米底亚国王马西尼撒解决了与迦太基之间的麻烦，在这次战争中成为赢家。罗马人以违反和约为借口，发动了消灭迦太基的战争④。迦太基人希望和平解决此事，但罗马人的恶意迫使迦太基人投入战斗。斯奇皮奥·埃米利亚努斯被委任指挥围攻迦太基城。公元前146年，罗马人攻破并洗劫了迦太基城，最后焚毁了这座古城。

Pydna（皮德纳）——马其顿的一座城市。在著名的公元前168年皮德纳战役

---

① 一般认为，罗马人夺取萨丁尼亚和科西嘉发生在公元前241年，是第一次布匿战争的结束标志。罗马人不仅取得了第一次布匿战争的胜利，而且获得了地中海的制海权。

② 第二次布匿战争结束后，罗马人真正成为了地中海霸主。

③ 监察官加图即老加图念念不忘消灭迦太基，人们非常熟悉的一段轶事是，加图无论发表什么演说、演讲，最后一句话都要说："迦太基必须消灭！"

④ 第三次布匿战争发生的根本原因是罗马人在主观上想要彻底消灭迦太基。

中，罗马军队司令官埃米里乌斯·鲍鲁斯打败了马其顿国王珀尔修斯①。

  Pyrrhus(皮洛士)——埃皮鲁斯(Epirus)国王②。皮洛士在希腊殖民地塔林敦同罗马人的战争中支持前者,并卷入战争。公元前208年,在第一次赫拉克利亚会战中,皮洛士以高昂的代价赢得了胜利。战后,皮洛士派使者西尼亚斯前去同罗马人讲和,但遭到拒绝。意大利人与皮洛士结盟后,皮洛士赢得了公元前279年阿斯库鲁姆战役的胜利③。皮洛士离开意大利,保卫同迦太基人交战的叙拉古。皮洛士重返意大利后,罗马人在马尼乌斯·库利乌斯·邓塔图斯指挥下,于公元前275年,在比尼文图姆击溃皮洛士。三年后,皮洛士死于阿果斯。

---

  ① 皮德纳战役中,马其顿军队2万人阵亡,1万人被俘。珀尔修斯被活捉,后死在狱中。皮德纳战役后,马其顿事实上成为罗马的属地。

  ② 埃皮鲁斯也译作埃庇鲁斯,位于今天希腊北部和阿尔巴尼亚南部,公元前4世纪至3世纪时成为皮洛士王国的一部分。皮洛士统治期间,埃皮鲁斯国力强盛,并同罗马人进行了著名的"皮洛士战争"。公元前198年,曾附属于马其顿。罗马人打败马其顿后,并入罗马版图。

  ③ 此次战役,罗马人伤亡6 000人,皮洛士也损失了3 500余人,而且是军队的主力。战后,有人向皮洛士祝贺胜利,皮洛士不无感慨地说:"如果再有一次这样的胜利,就没有人和我一起回国了!"后来人们便以"皮洛士式的胜利"形容得不偿失的胜利。

Quaestor(财务官)——最初,该高级官职作为助理附属于(王政时代)国王本人,后来(共和国时代)则附属于执政官。继而在元老院指导下掌管国库。

Quintilianus, Marcus Fabius (40 – about 95 A.D.)〔昆提利亚努斯、昆提良,马尔库斯·法比乌斯(公元40年至大约公元95年)〕[1]——罗马最著名的修辞学家,他的名著《雄辩术原理》是一部系统培养演说家的论著。

Quirinal(奎里纳尔)——罗马城七丘之一,最早是拉丁人的居住地。

---

[1] 昆提利亚努斯的《雄辩术原理》(也译作《演说术原理》《论雄辩术的培养》等)计12卷,专门研讨了雄辩术的各种理论问题。该著作于公元96年正式面世,以拉丁文写成。昆提利亚努斯在罗马教育史上占有重要的地位,他不仅是教育理论家,而且还是教育实践家。他在理论上总结了罗马人教育及其实践活动,提出了比较完整的教育思想,对后世影响深刻。

Raetia(拉埃提亚)——阿尔卑斯山与多瑙河之间的一个地区,后被奥古斯都征服①。

Ramnes(拉姆尼斯)——罗马人最初的三个部落之一②(参阅"鲁塞莱斯"和"梯提斯")。

Ravenna(拉文纳)——位于亚得里亚海滨、意大利东北部的伊达拉里亚人城镇。霍诺利乌斯统治时期,拉文纳是西部帝国首都。公元408年,斯迪里克在这里遭斩首。

Regillus, Lake(莱吉鲁斯湖)——萨宾地区的一个湖泊,距罗马城20英里。在莱吉鲁斯湖岸边附近,罗马人于公元前496年赢得了一场同(伊达拉里亚国王)波森纳战争的胜利,并结束了同波森纳的战争。

Regulus, Marcus Atilius(莱古鲁斯,马尔库斯·阿提利乌斯)——罗马执政官,第一次布匿战争期间曾带领军队前往迦太基。开始时,莱古鲁斯取得了几次战场上的胜利,但后来战败被俘(公元前250年)。

Repetundae, Court of(审理贿赂案件法庭)——该法庭系格拉古兄弟为审判行省总督而建。但该法庭存在明显缺陷,因为法官和行省总督都是元老院成员。这一制度在苏拉当政期间发生了改变,苏拉将死刑判决权交给了大法官。

Rhadagaisus (Rhadagais)(拉达盖苏斯)——东哥特人,曾集合日耳曼军队沿阿尔卑斯山入侵意大利,抵达佛罗伦萨。公元405年,斯迪里克在佛罗伦萨将拉达盖苏斯击溃。

Rhine(莱茵河)——参阅"阿拉曼尼人""阿利奥维斯图斯""法兰克人"。

Rhodes(罗得斯岛)——小亚西南岸附近一座大岛屿。在第二次马其顿战争中,罗得斯人支持罗马人征伐安提奥库斯。罗得斯岛也是地中海西部最重要的海军强国。

Ricimer(李西默)——哥特人,阿陶尔夫弟弟瓦里亚(Wallia)之孙③。从大约公元460—472年,李西默实际执掌着西罗马大权。李西默把马约里安扶上王位,但又于公元461年将马约里安置于死地。李西默在科西嘉附近的海战中,打败汪

---

① 拉埃提亚的起源和早期历史不甚清楚,后成为罗马行省。戴克里先统治时代,意大利行政区中包括第一第二拉埃提亚两个行省。

② 传说中的罗慕路斯建立罗马城之后,把罗马人分成三个部落:拉丁人(Ramnes)、萨宾人(Tities)和伊达拉里亚人(Luceres),这三个部落合称为罗马人。

③ 李西默只是罗马帝国西部的军事将领,却实际掌握帝国实权多年,可谓无冕之王。为了控制帝国西部的政权,李西默在征得东部帝国皇帝利奥(Leo)一世同意后,先后扶持了4个(一说为5个)傀儡皇帝,其中包括了西罗马帝国最后一个皇帝奥古斯图鲁斯。

达尔国王盖塞利克,在一段时间内遏止了蛮族入侵。李西默死于公元472年。

Rome(罗马)——古代罗马城坐落在台伯河左岸,距离台伯河口大约24.1千米(15英里)的几座低矮的山丘上。建城时间大约为公元前750年①。

Romulus(罗慕路斯)——神话传说中罗马城的建立者和(王政时代)第一任国王。

Romulus Augustulus(罗慕路斯·奥古斯图鲁斯)——公元472年李西默死后,西罗马帝国最后一个皇帝②。奥古斯图鲁斯统治期间,意大利蛮族军队在国王奥多雅克率领下发动叛乱,他们要求获得土地,拒绝在兵营中居住。奥古斯图鲁斯被推翻,公元477年,意大利落入奥多雅克之手。

Rostra(演讲台)——罗马讲话者的讲台。演讲台之所以得名Rostra,是因为安提乌姆(Antium)港口成为罗马的海军殖民地时,这里被摧毁的舰船和舰船突出部分的铁嘴——rostra被运抵罗马,装饰位于广场和户外会场之间的演讲者的讲台。奥古斯都时代,演讲台被移至广场前端附近。

Rubicon(卢比孔河)——意大利北部注入亚得里亚海的一条小河。公元前49年,恺撒率兵越过卢比孔河,拉开了内战的序幕③。

Rufinus(卢斐努斯)——和迪奥多西乌斯之子阿卡狄乌斯同任东部罗马帝国的统治者。卢斐努斯引诱西哥特国王阿拉里克入侵东部帝国(参阅"斯迪里克")。公元395年,卢斐努斯被杀。

---

① 传统观点一般认为,罗马建城时间为公元前753年。这一时间系瓦罗推算出来的。根据瓦罗的推算,罗马建城时间在公元前754年至公元前753年。罗马人则把公元前753年4月21日视为建城纪念日。关于罗马建城的故事,纯属神话传说。除了瓦罗的说法之外,还有其他说法。现代考古学证实,罗马建城时间应该更早一些。

② 奥古斯图鲁斯登基时年仅14岁(一说12岁),是地道的傀儡皇帝。与罗马帝国历史上遭废黜的皇帝不同的是,奥古斯图鲁斯没有成为军队的刀下冤魂,保住了性命,还得到了一笔年金——相当于一个元老的一年收入。

③ 罗马法律明确规定,任何罗马将领不得率兵越过卢比孔河,否则就是背叛罗马。恺撒率兵渡过卢比孔河,既是对共和制度的蔑视,也表达了建立个人统治的意愿。

Sabines(萨宾人)——翁布罗-萨比利亚人(Umbro-Sabellians)的一支,其领土位于拉丁姆和翁布里亚之间。萨宾人早期与罗马为敌。据说,罗慕路斯时代,萨宾人接受罗马人的邀请,参加丰收节庆祝活动过程中,罗马人抢走萨宾少女为妻。在埃奎人和沃尔斯其人同罗马人战争中,萨宾人支持埃奎人和沃尔斯其人。辛辛纳图斯任独裁官时,罗马人打败了萨宾人。

Saguntum(萨贡图姆)——西班牙东海岸一城市。公元前219年,第二次布匿战争初期,萨贡图姆被汉尼拔占领。

Sallust(Gaius Sallustius Crispus)〔萨鲁斯特(盖乌斯·萨鲁斯提乌斯·克里斯普斯)〕——罗马著名历史学家(公元前83年至公元前35年)①。

Samnites(萨谟奈人)——翁布罗-萨比利亚人的一支。萨谟奈人同罗马人进行过三次战争。第一次战争以公元前343年罗马人攻陷卡普亚,并以获得所有权为结束。第二次萨谟奈战争以公元前321年,庞提乌斯率领萨谟奈人在考狄昂峡谷俘虏罗马军队,获得巨大胜利为结束。第三次萨谟奈战争的导火索是由高卢人支持的萨谟奈人、伊达拉里亚人、翁布里亚人反抗罗马人的起义。罗马军队由法比乌斯·马克西姆斯和德西乌斯·穆斯指挥。决定性的战役于公元前295年发生在森提努姆。法比乌斯打败了萨谟奈人,德西乌斯·穆斯为了确保赢得对高卢人战斗的胜利,甚至用自己的妻子做牺牲②。

Sapor Ⅰ.(萨普尔一世)——萨珊波斯开国君主阿达希尔之子,在罗马帝国军队交战中,生擒罗马皇帝瓦莱利安(参阅"帕提亚")③。

Sapor Ⅱ.(萨普尔二世)——波斯国王,公元363年,被罗马帝国皇帝"叛教者"朱利安击败④。

Sassanidae(萨珊波斯)——公元226年建立的波斯王朝。萨珊波斯是阿萨希

---

① 萨鲁斯特为罗马共和国末年的历史学家,曾是恺撒部将。今天能够见到的萨鲁斯特的著作主要有《喀提林阴谋》《朱古达战争》等。

② 森提努姆战役之后,反对罗马人的联盟被击溃,翁布里亚人向罗马投降,高卢人被赶走,伊达拉里亚人同罗马人签订和约。萨谟奈人则于公元前290年向罗马人求和。通过三次萨谟奈战争,罗马控制了意大利中部,为日后进一步向外扩张奠定了基础。

③ 萨普尔一世在位期间,不断对外扩张,成为当时西亚地区新的霸主。

④ 萨普尔二世公元309—379年在位。之所以在位长达70年之久,是因为他以遗腹子身份登基。萨普尔二世登基后,东征西讨,扩大帝国疆域。当然,萨普尔二世最主要的对手仍然是罗马帝国。罗马皇帝"叛教者"朱利安虽然打败了萨普尔二世,但并不是决定性的胜利。由于朱利安身亡,萨普尔二世收复了部分失地,在亚洲建立了霸权,也开启了萨珊波斯历史上的和平时期。

德王朝(Arsacidae)的继承者,统治时间为426年①。

Scaevola, Quintus Mucius(斯凯沃拉,昆图斯·穆西乌斯)——著名律师和法学家,公元前82年克林内门大屠杀的牺牲品。

Scipio Barbatus, Lucius Cornelius(斯奇皮奥·巴巴图斯,卢西乌斯·科尔内利乌斯)——第二次萨谟奈战争中罗马军队指挥官之一,也是打败汉尼拔的斯奇皮奥的高曾祖父②。

Scipio, Publius Cornelius(斯奇皮奥,普布里乌斯·科尔内利乌斯)——斯奇皮奥·阿非利加努斯之父,与塞姆普洛尼乌斯(Sempronius)一同出任公元前218年执政官,两人同时在山南高卢被汉尼拔打败。

Scipio Africanus Major, Publius Cornelius(大斯奇皮奥·阿非利加努斯,普布里乌斯·科尔内利乌斯)——最伟大的罗马人之一。大斯奇皮奥也是坎尼之役中,为数有限的几个侥幸保住性命的罗马官吏之一。27岁时,大斯奇皮奥作为代行执政官被派往西班牙,在3年时间里,将迦太基人全部逐出西班牙③。公元前205年,大斯奇皮奥在札马战胜汉尼拔,赢得了辉煌的、决定性的胜利。大斯奇皮奥大约卒于公元前183年。

Scipio Asiaticus, Lucius Cornelius(斯奇皮奥·亚细亚梯库斯,卢西乌斯·科尔内利乌斯)——斯奇皮奥·阿非利加努斯之弟。公元前190年,斯奇皮奥·亚细亚梯库斯在马格尼西亚打败安提奥库斯三世④。

Scipio Aemilianus Africanus, Publius Cornelius(斯奇皮奥·埃米里乌斯·阿非利加努斯,普布里乌斯·科尔内利乌斯)——皮德纳战役的胜利者埃米里乌斯·鲍鲁斯之子。斯奇皮奥·埃米里乌斯率兵围攻并摧毁了迦太基城(公元前146年),结束了第三次也是最后一次布匿战争。

Secession of the Plebs(平民撤离行动)——贫困阶级的悲惨处境,债务人的窘

---

① 公元651年,萨珊波斯被阿拉伯帝国灭亡。

② 卢西乌斯·科尔内利乌斯·斯奇皮奥·巴巴图斯出生于罗马最为显赫的六个家族之一的科尔内利乌斯的分支斯奇皮奥家族。卢西乌斯·科尔内利乌斯出生时,该家族没有太大的影响力。自卢西乌斯·科尔内利乌斯成为该家族第一个有影响的政治家之后,该家族涌现了多位名垂罗马史的重要人物,多名成员出任执政官。

③ 在此之前,大斯奇皮奥的父亲和叔叔死于同汉尼拔之弟哈斯德鲁巴的交战中。大斯奇皮奥则战胜了哈斯德鲁巴,迫使迦太基人放弃了经营多年的西班牙,扭转了战局,也为自己的父亲报了仇。

④ 斯奇皮奥·亚细亚梯库斯,曾跟随其兄大斯奇皮奥前往西班牙作战,并出任公元前190年执政官。在公元前190年的马格尼西亚战役中,打败安提奥库斯三世,也由此获得了"亚洲征服者"(Asiaticus)之称号。

困引发了各种怨恨。平民离开罗马城①,在距离罗马城 4.8 千米(3 英里)、亚诺河附近的圣山落脚,如果他们的主张得不到满足,他们便不再为贵族作战。公元前 494 年,贵族被迫做出让步②。

Sejanus, Lucius Aelius(塞亚努斯,卢西乌斯·埃里乌斯)——提比略宠臣③。在提比略隐居卡普里岛期间,塞亚努斯控制着帝国政府,甚至妄想继承王位。为了达到目的,塞亚努斯设计谋杀了提比略的儿子德鲁苏斯,并让提比略相信日耳曼尼库斯的遗孀阿格里品娜阴谋杀害提比略。但提比略看穿了塞亚努斯的企图,于公元 31 年将其处死④。

Sempronius Longus, Tiberius(塞姆普洛尼乌斯·隆古斯,提比略)——公元前 218 年,第二次布匿战争期间,在特来比亚河与汉尼拔交战并遭败绩的罗马执政官。

Seneca, Lucius Annaeus(塞内加,卢西乌斯·安奈乌斯)——罗马哲学家,曾担任尼禄皇帝的私人教师。公元 65 年为尼禄所杀。

Sentinum(森提努姆)——亚得里亚海附近一座翁布里亚城镇。公元前 295 年,第三次萨谟奈战争中,罗马执政官法比乌斯·马克西姆斯和德西乌斯·穆斯在森提努姆打败了萨谟奈人、伊达拉里亚人和高卢人。

Sertorius, Quintus(塞尔托利乌斯,昆图斯)——西班牙总督,马略党人,也是西班牙起义的领导者。塞尔托利乌斯是一位有能力的将领,打败了苏拉派去镇压起义的所有军事将领。最后,塞尔托利乌斯被手下一名军官暗杀,庞培于公元前 72 年镇压了这次起义。

Servius Tullius(塞尔维乌斯·图里乌斯)——罗马王政时代第六任国王。塞尔维乌斯扩大了罗马的领土,修筑了罗马城墙,改善了平民的生存条件,调整了兵役制度⑤。

Severus, Alexander(塞维鲁斯,亚历山大)——罗马帝国皇帝,公元 222—235 年在位。亚历山大·塞维鲁斯继承了表兄埃拉伽巴鲁斯的王位。亚历山大·塞维

---

① 平民在敌军压境时撤离,是罗马共和国初期,平民反对贵族斗争中,撤离是平民与贵族斗争中常见的、独特的与贵族抗争的方式。

② 平民撤离的第一项重要成果是平民自己选举保护平民利益不受贵族侵害的重要官职——保民官。

③ 塞亚努斯不仅是提比略的宠臣,也是帝国近卫军长官,权倾朝野。权势的膨胀助长了塞亚努斯的野心,但最终未能得逞。

④ 塞亚努斯也是罗马帝国历史上第一个一人之下、万人之上的近卫军长官。

⑤ 塞尔维乌斯在位期间,进行了著名的"塞尔维乌斯改革"。学术界一般认为,此次改革标志着罗马完成了由氏族制度向国家的过渡。

鲁斯是一位正直的皇帝,但他的严格却引发了一场兵变,兵变的军队杀死了近卫军长官乌尔比安(Ulpian)。不久后,亚历山大·塞维鲁斯在日耳曼战役期间被马克西姆(Maxim)所杀①。亚历山大·塞维鲁斯革除了近卫军,但却保留近卫军长官作为首席大臣②。

Severus, Lucius Septimius(塞维鲁斯,卢西乌斯·塞普提米乌斯)——罗马帝国皇帝,公元193—211年在位。塞维鲁斯曾是多瑙军团将领,皮尔提纳克斯被杀后,手下军队宣布他为皇帝。塞维鲁斯得到了元老院的承认,朱力亚努斯(Julianus)被处死。公元211年,塞维鲁斯死于不列颠的埃波拉库姆(Eboracum,今天的约克)。

Sibylline Books(《西比林预言书》)——"高傲者"塔克文(Tarquinius Superbus)购置的包含各种预言的希腊人的书籍。《西比林预言书》由15名高级官吏负责掌管,人们在危难和窘迫之时可向这15人讨教。

Sicily(西西里)——意大利南部一座大岛屿。该岛屿的主要城市是叙拉古,在希罗统治期间,叙拉古是罗马人的盟友,但希罗的继任者却与迦太基交好。公元前212年,第二次布匿战争期间,尽管由著名数学家阿基米德指导,进行了英勇抵抗,但叙拉古仍被马尔塞鲁斯攻陷。阿基米德在此次围城战中为罗马士兵所杀。公元426年,叙拉古连同西西里的一部分被盖塞利克占领。

Social War(同盟战争、联盟者战争、意大利战争)——公元前91年至公元前88年间,罗马共和国与意大利同盟者之间的战争。战争以罗马胜利而告终,多数罗马人的同盟者不同程度地获得了罗马公民权(参阅"意大利问题")。

Spain(西班牙)——西班牙古称伊比利亚(Iberia),该称谓源自此地第一批名为伊比利亚人的居民伊比利亚人(Iberians)。西班牙曾被腓尼基人和迦太基人占领,但公元前202年札马战役后,西班牙向罗马人投降。罗马人拥有西班牙也麻烦多多,因为西班牙人经常与高卢人处于战争状态(参阅"塞尔托利乌斯")。恺撒对西班牙的统治持续到公元前60年。公元256年,西班牙遭到法兰克人劫掠(参阅"汪达尔人"),西哥特人于公元480年最终占领了西班牙(参阅"尤里克")。

Spartacus(斯巴达克斯)——色雷斯人,卡普亚角斗士起义领袖。公元前71年,克拉苏镇压了斯巴达克斯率领的起义。

Stilicho(斯迪里克)——汪达尔人,霍诺利乌斯在位期间西部帝国的统治者。公元402—403年,斯迪里克曾在波伦提亚和维罗纳战胜阿拉里克。在斯迪里克掌

---

① 一同被害的还有亚历山大·塞维鲁斯的母亲。亚历山大·塞维鲁斯之死,标志着罗马帝国历史上塞维鲁斯王朝的终结。

② 此处关于取消、废除近卫军的说法与史实不符。

权期间,汪达尔人入侵并劫掠了高卢。此事引起帝国政府不满,驻不列颠军队推举了自己选择的皇帝"篡位者"君士坦丁,君士坦丁很快将不列颠、高卢纳入自己的势力范围。汪达尔进入西班牙和葡萄牙。斯迪里克因所有的骚乱而受到不公正的指控,公元408年,在拉文纳被枭首①。

Strassburg(斯特拉斯堡)——阿尔萨斯的一座城市,公元357年,朱利安皇帝在这里战胜了阿拉曼尼人和法兰克人。

Sulla, Lucius Cornelius(苏拉,卢西乌斯·科尔内利乌斯)——擒获朱古达的罗马官吏。苏拉被贵族派选为执政官,指挥罗马军队进行了同米特拉达梯六世的战争。普布里乌斯·苏尔皮西乌斯·鲁福斯(Publius Sulpicius Rufus)领导平民派反对苏拉,苏尔皮西乌斯提议将军事指挥权授予马略。此事引发一场叛乱,苏拉进军罗马②,对他的政敌大开杀戒,但马略逃脱。苏尔皮西乌斯的各项法律被撤销。公元前88年,苏拉战胜米特拉达梯六世,并使其支付了战争赔偿。麦特鲁斯·皮乌斯、克拉苏、庞培,以及所有的年轻豪门贵族都投入到苏拉阵营中,在克林内门消灭了包括秦纳、卡尔波(Carbo)和马略之子在内的革命党。公敌宣判、掘开马略的坟墓,将其骨灰撒入河中,使苏拉的一系列胜利沾染了恶名。苏拉成为终身独裁官③。苏拉修订了宪法,改革了政府。苏拉重新给予元老院控制民众大会的权力,废除了监察官职务,将大法官人数由6人增加至8人。执政官成为文官,不得拥有军事指挥权,除非灾难发生。明确建立反勒索法庭(参阅"反勒索法庭")。苏拉在任职独裁官三年后退隐田园,死于公元前78年。

Sulpicius Rufus, Publius(苏尔皮西乌斯·鲁福斯,普布里乌斯)——罗马共和国内战初期平民派年轻领导者。苏尔皮西乌斯曾提出著名的苏尔皮西乌斯法案,其中一项条款是,依法剥夺所有债务缠身元老的身份。这些措施得到了实施,但苏尔皮西乌斯关于新法律的提议——把军事指挥权从苏拉转交给马略时,导致了内战的爆发。

Syagrius(斯亚哥利乌斯)——埃吉狄乌斯之子,他的统治被萨利法兰克国王克洛维推翻,从而结束了罗马人在高卢的统治。

Syracuse(叙拉古)——西西里岛主要城市,为科林斯殖民者所建,阿基米德的

---

① 霍诺利乌斯年仅11岁登基,西罗马帝国的政治、军事等大权都把握在斯迪里克手中。斯迪里克成为"无冕之王"。随着霍诺利乌斯年龄的增长,越发觉得斯迪里克是最大的障碍。于是,公元408年,霍诺利乌斯便以谋反罪处决了斯迪里克。

② 罗马军队进攻自己的首都,这是罗马史上的第一次,苏拉开创了一个恶劣的先例。

③ 苏拉任独裁官时,该官职已在罗马中止了120年之久。苏拉授意恢复该官职,并使之不受任职期所限,目的在于建立自己的独裁统治,同时也是对共和国基本原则的否定。

故乡。公元前212年,叙拉古为罗马人征服,后称为西西里行省的一部分(参阅"西西里")。

  Syria(叙利亚)——庞大塞琉古帝国的一部分,位于小亚。安提奥库斯三世在马格尼西亚被打败后,除叙利亚外,帝国其余领土全部为米特拉达梯大帝吞并。公元前65年,庞培战胜米特拉达梯六世后,叙利亚成为罗马人的一个行省。

Tacitus, Gaius Cornelius(塔西佗,盖乌斯·科尔内利乌斯)——罗马白银时代历史学家(公元54—130年)①。

Tarentum (modern Taranto)〔塔林敦(现代塔兰托)〕——意大利南部希腊人的主要城市,得名于塔林敦湾。罗马人违背已经存在的条约,将舰队开至塔林敦港附近。在随后的战争中,塔林敦人选择皮洛士为盟友。公元前275年,战争以皮洛士在比尼文图姆惨败而告终。塔林敦和其他所有希腊人的城市悉数归属罗马管辖,被迫在战时提供军队。布匿战争期间,塔林敦因迦太基人的背叛被打败,不久后,罗马人重新夺回塔林敦和叙拉古(公元前215年)。

Tarquinius Priscus, Lucius(塔克文·普利斯库斯,卢西乌斯)——伊达拉里亚人,罗马王政时代第五王②。他在位期间,罗马扩张了领土,建设了一系列重要工程:大下水道、圆形剧场、罗马广场、卡皮托林神庙等。塔克文·普利斯库斯被安库斯·马尔西乌斯的儿子们暗杀,王位由塞尔维乌斯·图里乌斯继承。

Tarquinius Superbus, Lucius(塔克文·苏珀布斯,卢西乌斯、"高傲者"塔克文)——罗马王政时代第七王,也是最后一王。公元前510年,"高傲者"塔克文被驱逐,罗马人建立了共和国。

Terence (Publius Terentius Afer)〔特伦斯(普布里乌斯·特伦提乌斯·阿福尔)〕——著名喜剧诗人,大约公元前190年生于迦太基③。

Terentilian Laws or Rogations(特伦提利安法案或保民官法案)——保民官盖乌斯·特伦提利乌斯提议,法律应当编辑成法典,在没有形成成文法之前,贵族可以根据自己的意愿解释法律,平民因此处于不利地位。这一提议遭到了一部分贵族的强烈反对,在编纂法典前近十年,才接受了盖乌斯·特伦提利乌斯的提议(参阅"十人委员会""十二铜表法")。

Tetricus(提特里库斯)——三十僭主之一。公元275年,被罗马帝国皇帝奥莱里安打败④。

Teutoburg Forest(条顿堡森林)——莱茵河与威奚河(Weser)中间的一个地区。

---

① 塔西佗是古代罗马最伟大的历史学家之一。塔西佗流传至今的主要著作有《历史》《编年史》《日耳曼尼亚志》《阿格里可拉传》《演说家对话录》等。西方政治学中著名的定律之一"塔西佗陷阱"即得名于塔西佗。

② 塔克文·普利斯库斯即罗马王政时代的"老塔克文"。他在位期间,打败了萨宾人,征服了整个拉丁地区。继承王位的塞尔维乌斯是塔克文·普利斯库斯的女婿。

③ 特伦斯先是被带到罗马为奴,后被释放。特伦斯流传至今的主要作品有《岳母》《兄弟》《宦官》(也译作《阉奴》)等。

④ 提特里库斯为提特里库斯一世,曾与儿子提特里库斯二世共治高卢帝国,也是高卢帝国最后一个皇帝。

公元9年,瓦鲁斯(Varus)指挥的罗马军团在这里被阿米尼乌斯率领的日耳曼人彻底消灭。

Teutons(条顿人)——古代日耳曼人的一个分支。公元前2世纪,条顿人和辛布利人组成部落联盟,越过阿尔卑斯山,进入罗马共和国境内,从此开始了与罗马共和国长达十几年的军事冲突。条顿人多次打败罗马军队,直至执政官马略于公元前102年将其打败(参阅"辛布利人")。

Thapsus(塔普苏斯)——非洲一城市,差不多与西西里隔海相望。公元前46年,朱利乌斯·恺撒在塔普苏斯战胜了以麦特鲁斯·斯奇皮奥为首的政敌。共和派首领监察官加图在麦特鲁斯·斯奇皮奥战败后自杀。

Theodoric(提奥多里克)——阿拉里克一世之孙。公元419年,继承了瓦里亚王位成为西哥特国王①。提奥多里克曾帮助罗马皇帝埃提乌斯同匈奴人作战。公元451年,提奥多里克死于民族战争。

Theodosius(迪奥多西乌斯)——西罗马帝国皇帝,公元379—395年在位②。迪奥多西乌斯于公元378年继承了瓦伦斯的王位,成为罗马帝国西部皇帝。格拉提安和瓦伦提尼安二世(Valentinian Ⅱ.)死后,迪奥多西乌斯成为罗马帝国唯一一位皇帝。迪奥多西乌斯是一位诚实、有能力的皇帝。迪奥多西乌斯非常严格地遵守同哥特人的协议,以至于因为几个哥特士兵被杀造成了帖撒罗尼卡数千居民遭杀戮的大屠杀。米兰主教迫使他对这一行为进行补偿。公元395年,狄奥多里克死去,将帝国分给了他的两个儿子:东部阿卡狄乌斯,西部霍诺利乌斯。

Thermopylae(德莫比利)——帖萨利一座城市。公元前191年,亚洲战争初期,安提奥库斯在此处被打败。

Thessalonica(帖撒罗尼卡)——马其顿海岸一座城市。被恺撒追击的庞培在这里建立了一个刻意与罗马为敌的政府。迪奥多西乌斯一世把帖撒罗尼卡变成了他所管辖的主要城市。

Thirty Tyrants(三十僭主)——三十僭主曾是罗马帝国西部行省统治者③,公元260—275年,举兵反叛加列努斯和瓦莱利安两位皇帝,最后被奥莱里安皇帝制服。

---

① 狄奥多里克为狄奥多里克一世,是阿拉里克一世的私生子,生年不详。在位期间,与西罗马帝国结盟。

② 迪奥多西乌斯即迪奥多西乌斯一世,被认为是罗马帝国皇帝最后一位统一罗马帝国的皇帝,也是把基督教定为国教的皇帝。

③ 此处的"三十僭主"是罗马史家借用了希腊历史上雅典出现的"三十僭主"的概念。但罗马帝国三世纪危机期间的"三十僭主"与雅典的"三十僭主"截然不同,罗马帝国的"三十僭主"指的是地方行省反叛帝国中央政府建立的割据政权,人数并非精确到30个。据吉本考证,所谓"三十僭主"的实际数目是19人。

Tiber(台伯河)——台伯河发源于意大利中部,罗马城建在台伯河东岸,距台伯河口 25 公里。

Tiberius Claudius Nero(提比略·克劳狄乌斯·尼禄)——罗马帝国皇帝,奥古斯都的继承人,公元 14—37 年在位。提比略曾娶奥古斯都的女儿,也是著名政治家、将军阿格里帕的遗孀朱丽娅(Julia)为妻,但提比略不满意这桩婚事,与朱丽娅离婚。提比略从最初的一个有能力的统治者,变成了一个多疑、令人绝望的暴君。提比略依赖告密者,以残酷的手段对付政敌。提比略的养子日耳曼尼库斯曾任日耳曼总督,在 3 年内,日耳曼尼库斯徒劳地试图收复瓦鲁斯在条顿堡森林战役后失去的土地。他的行动依提比略之命而放弃。提比略派日耳曼尼库斯统治帕提亚,但日耳曼尼库斯与提比略手下重臣皮索不睦,日耳曼尼库斯很快死去。日耳曼尼库斯的妻子阿格里品娜①怀疑皮索玩弄阴谋,是在按提比略的命令行事。接受提比略近卫军长官塞亚努斯的建议,提比略退居卡普里岛,留下塞亚努斯作为帝国政府首脑。但提比略很快发现了这位近卫军长官的企图,于公元 31 年将其处死(参阅"塞亚努斯")。公元 37 年,提比略死去,把王位传给了日耳曼尼库斯之子盖乌斯·卡利古拉。

Tibullus, Albius(提布鲁斯,阿尔比乌斯)——拉丁诗人,公元前 44 年至公元 18 年②。

Ticinus(提西努斯河)——山南高卢一条河流。公元前 281 年,第二次布匿战争期间,汉尼拔在这里战胜罗马执政官普布里乌斯·斯奇皮奥。

Tigellinus(提格里努斯)——罗马帝国皇帝尼禄的被释奴和顾问③。

Tities(梯提斯)——罗马人最初的三个部落之一(参阅"鲁塞莱斯"和"拉姆尼斯")。

Titus Flavius Sabinus Vespasianus(提图斯·弗拉维乌斯·萨比努斯·韦斯帕希雅努斯)——罗马帝国弗拉维王朝第五任皇帝,公元 79—81 年在位。提图斯继承了父亲韦伯芗(Vespasian)的王位,曾在公元 70 年,夺取并摧毁了耶路撒冷(Jerusalem)。威苏维火山喷发,火山灰吞没了庞贝城与赫库兰尼姆城也发生在提图斯当政期间。

Trajan(Marcus Ulpius Trajanus)〔图拉真(马尔库斯·乌尔皮乌斯·特拉伽努斯)〕——罗马帝国皇帝,尼尔瓦的继承人,公元 98—117 年在位。图拉真赢得了对

---

① 尼禄母亲小阿格里品娜之母。
② 关于提布鲁斯的生平人们知之甚少。现存提布鲁斯的第一第二部诗集被认为是他的作品,而其他在他名下的作品,人们持有疑问。
③ 提格里努斯曾担任尼禄的近卫军长官。

达契亚人的战争,建立了达契亚行省。图拉真还将阿拉比亚置于统治之下,与埃及、叙利亚的联系更加直接。图拉真统治期间是罗马帝国辉煌的顶点①,也被称为白银时代(Silver Age)。

Transalpine Gaul(山外高卢、山北高卢)——山外高卢在南方从比利牛斯山一直延伸到阿尔卑斯山,但不包括马西利亚及其领土②。条顿人和辛布利人在阿兰西奥打败罗马人之后③,入侵山外高卢,接下来是恺撒对山外高卢的统治④。公元256年,法兰克人入侵山外高卢。公元406年,山外高卢遭到汪达尔人的劫掠。在埃提乌斯同勃艮第人、法兰克人、阿拉曼尼人的战争中,山外高卢变成了战场。西哥特人在瓦里亚带领下,定居在山外高卢。公元464年,萨利法兰克国王克洛维推翻了最后一个代表罗马政权的斯亚哥利乌斯(参阅"山南高卢")。

Trasimenus(特拉西米诺湖)——伊达拉里亚一湖泊。公元前217年,汉尼拔在这里大败罗马将军弗拉米尼努斯。

Trebia(特来比亚河)——山南高卢一条河流,公元前218年,汉尼拔在此地战胜罗马将军塞姆普洛尼乌斯·隆古斯(Sempronius Longus)⑤。

Tribune(保民官)——由罗马平民选举产生,保护平民反对贵族不公正举措的官吏⑥。授予保民官权力的法律称为"保护法"(jus auxili)。最初,保民官为2人,后逐渐增加到10人。保民官有权召集平民大会(参阅"百人队会议""特里布斯会议"和"库里亚大会")。但不久保民官便超越了自己的权限,苏拉独裁期间,保民官提出法案的权力被剥夺,只有元老院拥有此项权力。庞培当权时,保民官的所有权力得到恢复,但在奥古斯都时代则丧失殆尽。

Triumvirate(三头同盟)——出于统治罗马之目的,由三个人组成政治联盟。前三头出现在公元前60年,由庞培、克拉苏和恺撒组成。后三头于公元前45年确

---

① 图拉真在位期间,罗马帝国的领土也达到了最大化。战胜达契亚人建立了达契亚行省,与帕提亚交战后,建立三个行省:亚美尼亚、亚述和美索不达米亚。至此,罗马帝国的领土范围东起两河流域,西至不列颠,北到多瑙河、莱茵河以北的达契亚,南抵埃及。

② 山外高卢指的是,沿比利牛斯山经由地中海,连接比利牛斯山以北广大地区。包括今天的法国、比利时、荷兰等地区。

③ 在公元前105年阿兰西奥战役中,罗马军队遭到惨败,12万罗马将士竟然只有10人生还,足见条顿人战斗力之强盛。

④ 恺撒统治高卢期间,曾把高卢分成4个行省。

⑤ 特来比亚河战役系第二次布匿战争期间一次重要战役,以汉尼拔胜利而告终,罗马军队伤亡2.8万人,汉尼拔仅损失4 000人。

⑥ 由于保民官是保护平民利益的官吏,由平民大会选举产生,担任保民官者必须是平民出身,故保民官又被称为"平民保民官"。

立，由屋大维、安东尼和雷必达三人组成。

  Tullus Hostilius(图鲁斯·霍斯提利乌斯)——继承努马·庞皮利乌斯(Numa Pompilius)的贵族国王①。霍斯提利乌斯征服了阿尔巴隆伽(公元前 666 年)，使罗马成为拉丁同盟的主要城市。

  Twelve Tables(《十二铜表法》)——根据特伦提利安法案的提议，整理编纂的法律②。该工作由十人委员会完成。由于《十二铜表法》限定了法律编纂者和父权制家族成员的权利，因此，对于平民是有利的。此外，《坎努里阿法》给予平民与贵族通婚的权利(参阅"通婚权")。

---

 ① 霍斯提利乌斯为罗马王政时代七王之第三王。
 ② 《十二铜表法》是罗马历史上第一部成文法，贵族失去了对法律的解释权。作为成文法，《十二铜表法》是后来罗马法的重要渊源，在西方法制史上占有重要地位。

U

Ulpian(乌尔比安)——罗马皇帝亚历山大·塞维鲁斯手下近卫军长官①。

Umbrians(翁布里亚人)——翁布罗-萨比利亚人的一个民族。翁布里亚人的领土在亚得里亚海东北岸。

Umbro-Sabellians(翁布罗-萨比利亚人)——意大利两个主要种族之一。另一个为拉丁人。

Utica(尤提卡)——罗马人靠近迦太基的军队补给站和司令部。

---

① 乌尔比安还是罗马史上重要的法学家,也是罗马五大法学家之最后一位。在西方发展史上,乌尔比安的重要贡献在于划分了公法和私法。乌尔比安著述颇丰,成为查士丁尼《法学汇编》的主要来源。

V

Valens(瓦伦斯)——罗马帝国东部皇帝,公元364—378年在位。瓦伦斯为瓦伦提尼安一世兄弟,瓦伦提尼安一世将其任命为皇帝。公元387年,瓦伦斯在哈德良堡同哥特人、西哥特人交战中,兵败被杀。

Valentinian Ⅰ.(瓦伦提尼安一世)——罗马皇帝,约维安的继任者,公元364—375年在位①。瓦伦提尼安一世是一个有能力的统治者,但过于严苛。他将帝国东部交给兄弟瓦伦斯统治。瓦伦提尼安一世的统治波澜不惊。

Valentinian Ⅱ.(瓦伦提尼安二世)——西部罗马帝国皇帝,瓦伦提尼安一世之子,公元375—392年在位②。被杀时年仅20岁。

Valentinian Ⅲ.(瓦伦提尼安三世)——西部罗马帝国皇帝,康斯坦提乌斯与普拉斯蒂娅之子,公元423—455年在位。瓦伦提尼安三世统治期间,盖塞利克和汪达尔人入侵意大利,阿拉曼尼人和法兰克人越过莱茵河。公元452年,阿提拉率领匈奴人进犯高卢。在西哥特国王狄奥多里克帮助下,瓦伦提尼安三世在民族战争中战胜阿提拉。阿提拉入侵意大利,公元449年撒克逊人占领不列颠。公元455年,瓦伦提尼安三世被暗杀。

Valerian(瓦莱利安)——罗马帝国皇帝,公元253—260年在位③。瓦莱利安被波斯皇帝萨普尔一世俘虏,死在波斯。

Vandals(汪达尔人)——东部日耳曼人一个部落。君士坦丁大帝允许他们在多瑙河边境的潘诺尼亚(Pannonia)定居。公元406年,汪达尔人进入高卢,蹂躏高卢达三年之久。汪达尔国王盖塞利克和臣民定居西班牙,后又应邀前往非洲(参阅"波尼法斯""尤多西娅")。汪达尔人抢劫了罗马城,后被李西默打败。此时,汪达尔人已经成为西地中海和北非的主人。

Varro, Gaius Terentius(瓦罗,盖乌斯·特伦提乌斯)——罗马执政官,公元前216年在坎尼战役被汉尼拔打败。

Varus, Lucius Quintilius(瓦鲁斯,卢西乌斯·昆提利乌斯)——罗马执政官,

---

① 瓦伦提尼安一世也被称为瓦伦提尼安大帝。

② 瓦伦提尼安二世4岁登基,朝政由其母亲把握。瓦伦提尼安二世在位时,他的哥哥格拉提安也是皇帝。瓦伦提尼安一世虽然把帝位传给了瓦伦提尼安二世,但军队将领却拒绝拥立瓦伦提尼安一世的长子格拉提安为帝,宣布瓦伦提尼安二世也是皇帝。罗马帝国西部由此出现了"二日中天"的局面。

③ 瓦莱利安通过内战夺取王位,曾与长子共治帝国。萨普尔一世侵吞罗马帝国领土,东部边境安全受到威胁,瓦莱利安率军出征,结果战败被俘,成为帝国历史上第一个被敌军俘虏的皇帝。瓦莱利安被俘带来了一系列的消极影响,高卢帝国等分裂割据政权因瓦莱利安被俘先后出现。

公元9年,在同日耳曼人作战的条顿堡森林战役中,瓦鲁斯所率罗马军队全军覆没①。

Veii(维艾城)——南部伊达拉里亚主要城市。公元前396年,被卡米鲁斯占领②。

Vercellae(维切里)——波河流域一城市。公元前101年,马略和卡图鲁斯在这里战胜了辛布利人。

Vercingetorix(维辛格托里克斯)——阿尔韦尼安人首领。公元前52年,恺撒在阿莱西亚打败并活捉维辛格托里克斯。维辛格托里克斯后被斩首。

Vergil(Publius Vergilius Maro)〔维吉尔(普布里乌斯·维尔吉利乌斯·马洛)〕——奥古斯都时代著名的拉丁诗人(公元前70年至公元前19年)③。

Verginius(维尔吉尼乌斯)——北部日耳曼总督。尼禄统治末期,维尔吉尼乌斯支持温德克斯反叛尼禄。

Verona(维罗纳)——意大利东北部一城市。公元403年,斯迪里克在这里战胜阿拉里克。

Vespasian(Titus Flavius Vespasianus)〔韦伯芗(提图斯·弗拉维乌斯·韦斯帕希雅努斯)〕——罗马帝国弗拉维王朝第四任皇帝,公元69—79年在位。韦伯芗曾担任帝国东方军队总指挥,在叙利亚与通过起义获得独立的犹太人作战。韦伯芗得到了日耳曼总督穆西亚努斯和维尔吉尼乌斯的支持。穆西亚努斯杀死了在位皇帝维特利乌斯,从而保证了韦伯芗的登基。韦伯芗在位期间,大斗兽场、弗拉维剧场先后落成。韦伯芗的儿子提图斯于公元70年摧毁了耶路撒冷。

Via Latina(Latin Way)(拉丁大道)——穿过利里斯河谷,从那不勒斯至罗马的公路。

Viminal(维米纳尔)——罗马七丘之一。

Vindex(温德克斯)——曾任高卢行省总督。尼禄统治末年的公元68年,温德克斯领导了高卢起义,并得到奥托的支持(参阅"维尔吉尼乌斯""伽尔巴")。

Visigoths(西哥特人)——东日耳曼部落的两个主要分支之一(另一支为东哥特人)。公元410年,西哥特人在阿拉里克率领下,攻陷并洗劫了罗马城。公元418年,阿拉里克之孙狄奥多里克建立了第一个西哥特人的王国——西哥特王国,也是得到罗马帝国承认的第一个蛮族王国(参阅"阿拉里克""哥特人")。

---

① 此次战役中,罗马人损失了三个精锐军团。
② 通过维艾战役,罗马人征服了伊达拉里亚。
③ 维吉尔的代表作是《牧歌集》《农事诗》《埃尼阿斯纪》。维吉尔的作品代表了罗马文学的最高成就,对后世产生了重要影响。

Vitellius(维特利乌斯)——日耳曼罗马驻军指挥官,被自己的军队拥立为帝,成为"四帝之年"的"第四帝"。维特利乌斯在普拉森提亚附近战胜奥托,夺取王位。但很快维特利乌斯便被推翻,成为韦伯芗部将穆西亚努斯的刀下冤魂,也确保了韦伯芗公元69年登基。

Volscians(沃尔斯其人)——罗马的邻近部落。沃尔斯其曾联合其他盟友:埃奎人、伊达拉里亚人共同反抗罗马人,但在公元前386年被卡米鲁斯打败。

W

Wallia(瓦里亚)——阿陶尔夫胞弟。瓦里亚将哥特人带回高卢,并成为罗马人的盟友,定居在高卢。瓦里亚卒于公元419年,以阿拉里克之孙提奥多里克为自己的继承人。

Z

Zama（札马）——北非的一座城市，位于迦太基附近。公元前 202 年，斯奇皮奥·阿非利加努斯在札马击溃汉尼拔指挥的迦太基军队。

Zenobia（芝诺比娅）——帕尔米拉女王，欧迪纳图斯遗孀。芝诺比娅企图把自己的统治范围扩大到埃及和小亚。奥莱里安皇帝打败了芝诺比娅，摧毁了帕尔米拉。